La réforme de l'enseignement de physique-chimie au collège en France

現代フランスの前期中等物理・化学教育改革に関する研究

MIYOSHI Miori
三好美織

溪水社

目　次

序　章　研究の目的と方法

第1節　研究の目的と意義 …………………………………………… 3

第2節　フランス前期中等物理・化学教育に関わる先行研究 … 8

第3節　研究の視点と方法 ……………………………………………10
　1　研究の視点　10
　2　研究の方法　11
　序章　注及び文献……………………………………………………16

第1章　統一コレージュにおける一般普通教育としての物理・化学教育の導入

第1節　「実験科学（sciences expérimentales）」新設に至る経緯 ……………………………………………………………21
　1　前期中等教育段階における科学教育の位置付け　21
　　(1) 第2次世界大戦前の前期中等科学教育　21
　　(2) 第2次世界大戦後の前期中等科学教育の推移　25
　2　前期中等教育段階への教科「テクノロジー（technologie）」の導入　30
　3　前期中等教育段階における理化教育の実施に向けた検討　33
　　(1) ラガリーグ委員会における理化教育の検討　33
　　(2) 第6・5級の理化教育プログラム草案　36

i

第2節　統一コレージュ教育課程への物理・化学教育の導入…41
　　1　アビ改革による統一コレージュの成立　41
　　2　「実験科学」の目標　43
　　3　「実験科学」理化分野の学習内容　47
第3節　「実験科学」の教科書にみる学習指導の方法
　　　　－Hachette社『Collection Libres Parcours 理化』の事例－
　　　　………………………………………………………………51
　　1　『Collection Libres Parcours 理化』の性格　51
　　2　「実験科学」理化分野実施のための準備　52
　　　（1）目標の分析　52
　　　（2）年間指導計画の作成方法　53
　　　（3）評価問題の事例　58
　　3　生徒用教科書の構成　61
　　4　実験の取扱いと指導上の留意点　65
第4節　まとめ……………………………………………………66
第1章　注及び文献 ……………………………………………68

第2章　多様化した生徒に対応する
　　　　物理・化学教育の模索

第1節　生徒の学力の多様化に対応する方策の検討 …………73
　　1　コレージュ改革に向けた提案－ルグラン委員会報告
　　　『民主的なコレージュのために（Pour un collège démocratique）』　73
　　2　学校教育の問題点と未来のあるべき学術・教育・教養に対する
　　　考え方の提示－コレージュ・ド・フランス教授団『未来の教育の
　　　ための提言（Propositions pour l'enseignement de l'avenir）』　77
　　3　1985年度の初等・中等学校の教育施策に関する
　　　国民教育大臣通達　80

目　次

　　4　教育内容刷新の方向性−通達「コレージュの教科別教育内容方法の刷新（Rénovation des collèges）」　82

第2節　教育プログラムにおける学習内容の刷新 …………84
　1　コレージュにおける教育目標　84
　2　「理化」の性格と目標　86
　3　「理化」の学習内容　88
　4　横断的テーマの設定とその取扱い　91

第3節　教科書にみられる「理化」の特色 …………………93
　1　「理化」教科書の構成　93
　2　特色ある学習内容　96
　　（1）第5級−電気「2変数の論理回路」　96
　　（2）第3級−化学「経済・社会における化学の位置付け」　97
　　（3）安全のきまりについての学習　100
　3　学習活動の展開事例　102

第4節　まとめ …………………………………………………106
第2章　注及び文献 ……………………………………………107

第3章　生徒を中心に据えた物理・化学教育の実現

第1節　教育内容・方法の検討と教育基本法 ………………111
　1　教育内容・方法の根本的再検討　111
　　（1）「教育内容検討委員会」による『教育内容検討のための諸原則（Principes pour une réflexion sur les contenus d'enseignement）』　111
　　（2）物理教育，化学教育の教育内容・方法の検討と改善　113
　2　「教育基本法（Loi d'orientation sur l'éducation）」の制定　115
　3　「教育プログラム憲章（Charte des programmes）」の制定　118
　4　初等・中等教育段階の科学教育に関わる提言　122
　　（1）「初等・中等学校における科学・技術教育振興に関する通達」　122
　　（2）全国教育課程審議会による実験科学教育についての提言　123

第 2 節　「理化」設置学年の変更 ……………………………… 125
　　1　第 6・5 級における理化教育の廃止　125
　　2　第 4・3 級における「物理・化学」の展開　126
　　　（1）「物理・化学」の目標　126
　　　（2）教育プログラムの記述の特色　129
　　　（3）「物理・化学」の学習内容　130
　　3　物理・化学教育の評価の観点　133
　　　（1）評価すべき能力　133
　　　（2）実験に関わるコンピテンスの評価　136
第 3 節　第 5 級からの「物理・化学」の実施 ………………… 137
　　1　「学校改革のための新しい契約（Nouveau contrat pour l'école）」　137
　　2　「物理・化学」の目標　140
　　3　「物理・化学」において育成されるコンピテンス　143
　　4　「物理・化学」の学習内容　145
第 4 節　教科書にみられる「物理・化学」の特色 …………… 150
　　1　教科書に対する考え方　150
　　2　「物理・化学」教科書の構成　152
　　3　単元の展開事例　157
　　　（1）年間配当時数　157
　　　（2）化学分野の学習指導　161
第 5 節　まとめ ……………………………………………………… 170
第 3 章　注及び文献 ……………………………………………… 171

第4章　科学的教養の具体化とその習得に向けた物理・化学教育の新たな潮流

第1節　新教育基本法と共通基礎の具体化 …………………… 177
1　2000年代に向けたコレージュの改革　177
（1）コレージュ改革の議論　177
（2）全国教育課程審議会『コレージュにおいて何を学ぶのか？（*Qu'apprend-on au collège ?*）』　180
2　EU（European Union）における教育改革の動向　182
3　新教育基本法「学校の未来のための基本・計画法（Loi d'orientation et de programme pour l'avenir de l'école）」の制定　184
4　政令「共通基礎知識技能（Socle commun des connaissances et des compétences）」　187

第2節　教育プログラムにおける共通基礎の取扱い ……… 192
1　「物理・化学」の目標　192
2　探究の手続き（démarche d'investigation）　195
3　「物理・化学」の学習内容　197

第3節　共通基礎習得に向けた「物理・化学」の学習指導と評価 …………………… 201
1　教科書にみられる共通基礎の取扱い　201
2　共通基礎習得に向けた授業構成　205
（1）共通基礎を構成するコンピテンスの習得方法　205
（2）学習活動の展開事例　206
（3）コレージュにおける授業の実際　209
3　科学的テクノロジー的教養の評価規準　214
4　「物理・化学」における評価　221
（1）評価問題の事例　221
（2）授業における評価問題の実際　224

第4節　まとめ …………………… 228
第4章　注及び文献 …………………… 230

終　章　総合的考察
- 第1節　生徒を中心に据えた
物理・化学教育カリキュラムへの転換……………… 233
- 第2節　義務教育段階で求められる
科学的教養に対する考え方 ………………………… 239
- 第3節　前期中等物理・化学教育における
科学的教養の育成 …………………………………… 244
- 終章　注及び文献………………………………………………… 246

- あとがき……………………………………………………………… 249
- 索引…………………………………………………………………… 253

現代フランスの前期中等物理・化学教育改革に関する研究

ND# 序　章　研究の目的と方法

第1節　研究の目的と意義

　フランスでは，所属する階級や家庭の経済力により教育機関の異なる，複線型の学校体系が伝統的に採用されてきた。特に中等教育は，19世紀はじめのナポレオン学制以降，事実上，中流階級以上の子弟のみが享受できる特権となっていた[1]。第一次世界大戦以降，このような学校体系を改め，より多くの生徒に中等教育の機会を保障しようとする動きが高まっていった[2]。実際にすべての生徒を対象とした中等教育が実現するのは，第二次世界大戦以降になってからである。

　第二次世界大戦後のフランスの教育の基本原理として大きな影響を与えたのは，1947年の「教育改革研究委員会（Comités d'études de la réforme de l'enseignement）」による改革案，委員長名を取り，通称，ランジュヴァン・ワロン改革案（plan Langevin-Wallon）と呼ばれるものである。この改革案では，教育の機構は社会の機構に適応することが必要であること，すべての子どもは自らの人格を最大限に発達させる平等な権利を持つこと，能力の正しい発達と利用のために指導の組織を確立することなどが基本原則とされた。そして，義務教育年限を6歳から18歳までの12年間とし，それを1つのまとまった第一段階教育とすることで，義務教育の完全な単線化を図ろうとした。このうち，11歳から15歳までの教育は，小学校を終えた子どもに対して，共通の教育と専門の教育を行うことで将来のための適切な進学指導と職業指導を進める，進路指導期として構想された[3]。これ以降，この改革案を実現するための努力が漸次展開されていった。

1959年のベルトワン（Jean Berthoin）国民教育大臣立案による法令に基づく改革では，義務教育年限が，従来の6歳から14歳までの8年間から，2年間延長されて16歳までとされた。そして，この10年間の義務教育は，基礎的な訓練と知識，一般教養の基本的な要素，選択による職業的・技術的形成を目的とするものとして，基礎課程（cycle élémentaire）5年間，観察課程（cycle d'observation）2年間，完結課程（cycle terminal）3年間からなる3期に区分された。基礎課程を修了したすべての子どもは観察課程に進み，生徒の志向と資質とを観察するための観察課程の教育を受け，引き続いて普通教育と職業教育とに大別されるコースに分かれることとなった[4]。

　さらに，1963年のフーシェ（Christian Fouchet）国民教育大臣による改革では，2年間の観察課程が，4年間の観察・指導課程（cycle d'observation et d'orientation）へと延長された。また，前期中等教育のみを行う教育機関として，中等教育コレージュ（collège d'enseignement secondaire, CES）が新たに創設された。CESは，通常のコース，推移学級，特別学級及び完成教育コースを同一施設内に持つ総合制の中等学校であり，コース間の生徒の移動を円滑にすることができるよう企図されていた[5]。

　そして，1975年のアビ（René Haby）国民教育大臣による改革において，中等教育の機会をすべての青年に保障する観点から，歴史的背景や使命を異に存在してきた前期中等教育段階の諸学校[6]を一本化し，学力や将来の進路などに関わらずすべての生徒を同一のクラスに受け入れ教育を行う，統一コレージュ（collège unique）が成立した。これにより，ようやく前期中等教育段階まで単線型の学校体系が確立し，制度的な面において，ランジュヴァン・ワロン改革案の一部が実現することとなった。しかし一方で，学力の多様な生徒を同一のクラスに受け入れ，共通の内容で教育しようとする統一コレージュは，学校に大きな困難をもたらすこととなった。それは，多様な学力を持つ生徒に画一的な教育を施すことから生じる，学業不振の生徒の増加である。

　アビ改革以降今日に至るまで，多様な適性や能力を持つ生徒に対して

どのように教育を行うのか，生徒の学業不振をどうすれば克服できるのかといった課題の解決に向けて，国民教育省により諸施策が打ち出されてきた。特に注目される点として，次の2点を指摘することができる。1点目は，1989年教育基本法（Loi d'orientation sur l'éducation）にみられる，子どもを中心に据えて教育を構想する考え方の導入である[7]。例えば，教育プログラム（programme）は，それまでの国民教育総視学局（inspection générale de l'éducation nationale, IGEN）を中心とする作成から，全国教育課程審議会（Conseil national des programmes, CNP）における作成へと変化した。そして，教育プログラムには，学習内容のみならず，学習が学習者にとって独立したものとならないよう，関連する教科の内容が提示されたり，学習を通して生徒の習得が求められる知識や能力などが明示されたりするようになった[8]。2点目は，2005年教育基本法（Loi d'orientation et de programme pour l'avenir de l'école）にみられる，義務教育段階において身に付けるべき，知識とコンピテンスの総体からなる「共通基礎（socle commun）」の具体化である。「共通基礎」は，生徒一人ひとりが，将来の成功，つまり学校を卒業して職業に結び付く資格を取得し，社会生活や職業生活への参加や市民としての権利の行使を可能にするために，習得することが期待されるものである。共通基礎の考え方そのものは，1970年代から存在していたものの，その具体的な内容が教育基本法に明記されたのはこれが初めてである[9]。今日のコレージュでは，義務教育段階を通して「共通基礎」の習得を目指す教育プログラムのもとで，学習活動が展開されている。

　このように，時代と共に複線型の学校体系から単線型の学校体系へ，より多くの人に中等教育へのアクセスを可能にする，教育の民主化の実現に向けた教育制度の整備を背景とする中で，前期中等教育段階における科学教育は変化を遂げてきた。複線型の学校体系が採用されていたアビ改革以前の前期中等科学教育は，コースにより異なる教育が行われていたが，その学習内容の中心となっていたのは，観察を重視する博物（sciences naturelles）であった。しかし，1970年の総合科学技術教育の性格を持つ

「テクノロジー（technologie）」の導入にみられるように，現代社会に生きていくための一般教養としての科学教育が必要とされ，次第にバランスのとれた学習内容を持つ科学教育が志向されるようになっていった。そして，統一コレージュの成立により，すべての生徒に対する科学教育カリキュラムとして，博物分野と理化分野の内容を持つ，「実験科学（sciences expérimentales）」が実現する。これにより，前期中等教育段階の4年間一貫した科学教育が行われることとなった[10]。以降，今日に至るまで，多様な適性や能力を持つ生徒に対する科学教育をどのように行っていくのかについて，模索がなされてきた。

　ところで，今日，IEAによる国際数学・理科教育動向調査（TIMSS）やOECDによる生徒の学習到達度調査（PISA）といった国際的な学力調査の結果が，世界各国の科学教育に対して少なからず影響を及ぼすようになってきている。特に後者では，常に変化する社会にうまく適応するため生涯にわたって継続的に習得すべき知識・技能の1つとして，「科学的リテラシー（scientific literacy）」が設定されている[11]。そのため，わが国をはじめとして，科学教育において，この「科学的リテラシー」がキーワードとなり，その育成が重視されるようになってきている。

　フランスにおいても，先に述べた，義務教育段階のすべての児童・生徒が習得すべき共通基礎を構成する項目の1つとして，「科学的テクノロジー的教養（culture scientifique et technologique）」が挙げられている。「科学的テクノロジー的教養」は，宇宙や地球から自分の身体までを支配している主たる法則を理解し，科学・技術により作られた社会に生きていくために必要とされる，知識，能力，態度の総体とされている[12]。このうち，科学に関わる要素を中心として「科学的教養」と言い換えるならば，これは「科学的リテラシー」に対応するものと考えられる。

　そこで，本研究では，「科学的教養」を分析のキーワードとして，すべての生徒に同一の教育が施されるようになった統一コレージュ成立以降今日に至る，フランスの前期中等物理・化学教育に焦点を当て，すべての生徒の将来の成功の実現に向け物理・化学教育がどのように展開されてきた

のか，その特質を明らかにするとともに，物理・化学教育において育成が目指される科学的教養の内実と，その育成方法について考察することを目的とする。

　本研究では，PISA調査をはじめとする国際調査の評価の枠組みを参照しながら，科学教育の文脈で用いられる科学的教養の定義について，科学の知識，科学についての知識，問題解決のプロセス，科学に対する態度を，文脈に応じて活用できる能力と解釈し，言語的能力の面よりもむしろ，教養的な側面で捉えることとした[13]。

　なお，本研究において，特に物理・化学教育を取り上げた理由は，科学の進展や，1975年の統一コレージュ成立による学校教育の単線化の実現に伴って，前期中等教育段階のカリキュラムに本格的にその学習が取り入れられるようになったこと，また，科学に関わる教科として，「物理・化学」と「生命・地球科学」は担当する教員が異なっており，独立に存在していること，などである。

　研究にあたっては，物理・化学教育に関わる教育プログラム，教科書，教師用指導書，授業書，科学教育関係雑誌を中心とした文献調査，及び現地におけるインタビュー調査と非参与授業観察の結果をもとに，検討を行うこととした。特に，教育プログラムで示された内容が，学校で教えられるにあたりどのように解釈されていたのかについては，教科書及び教科書の教師用指導書を参考にする。フランスでは，教科書の自由発行が原則とされているが，一般的に，教育プログラムに準拠した編集・発行となっている。一方で，授業を行うにあたっては，教育プログラムに定められる内容は教えられなければならないが，教えるために必要な教材の選択は教員に任せられており，教科書を使ってもよいが使わなくてもよいという，教科書使用の自由が成立している。その中で，コレージュの物理・化学の教科書は，多くの場合，地域教育視学官（inspecteur pédagogique régional）やコレージュの教員集団により執筆されていることから，授業を展開するにあたり教師が必要とする内容が記載されているものと判断した[14]。

第2節　フランス前期中等物理・化学教育に関わる先行研究

　まず，前期中等物理・化学教育の背景となる，前期中等教育改革に関する先行研究として，以下のものを挙げることができる。

　阿部重孝は，フランス革命期以降20世紀初頭までの教育政策の展開を明らかにしている。その中で，中等学校は，事実上中流階級以上のもののための学校となっており，革命期にコンドルセが予期したような，子どもの社会的地位や経済状況の如何にかかわらず，その能力をできる限り発展させるよう教育の機会を与えるという，教育の民主化を実現していくことは，容易ならざる現状があることを指摘している[15]。一方，原田種雄らは，第二次世界大戦以降の教育改革にみられる教育の民主化の動向について，1947年のランジュヴァン・ワロン改革案や，1959年のベルトワン改革など，法令を中心として情報提供を行ってきた[16]。吉田正晴は，フランス公教育制度の教育思潮を広範にわたり論じているが，特に，アビ改革にみる統一コレージュの成立に至る戦後の前期中等教育制度の民主化の過程について，選別的能力主義から統合的平等主義への政策転換として考察している[17]。また，田﨑徳友は，前期中等教育について，進路指導の観点から論考している[18]。

　1975年のアビ改革については，ルネ・アビ自身による回想録により，改革に至るフランス教育界の実情と，諸問題解決のプロセスが示されている。その中で，中等教育の民主化に伴い，カリキュラム改革が必要であったことが述べられている[19]。そして，夏目達也は，アビ改革による統一コレージュ成立以降に顕在化した生徒の学業不振の解決に向けた，1970年代から1990年代までの前期中等教育改革の展開について，教育機会の形式的平等から実質的平等を実現するものとして論じている[20]。また，藤井佐知子は，1989年のジョスパン改革において，機会の平等の達成を目指す平等主義から，実質的な平等を目指すための多様性の尊重へと，平等の概念が変容していることを指摘し，今日の教育改革において，学力保障に

よる教育の質的向上が図られていることを論考している[21]。

このように，前期中等教育に関する先行研究から，戦後のフランスの教育改革の方向性は，教育の民主化の実現，つまり前期中等教育へのアクセスを可能にすることにあり，1975年のアビ改革による統一コレージュの成立により，すべての生徒に中等教育の機会を提供する，形式的な平等が実現したといえる。一方で，統一コレージュの成立を契機として，新たに学業不振の生徒の大量発生による学力格差の広がりという課題に直面し，その改善に向けて，生徒の将来の成功に導くための多様性を尊重した実質的な平等を目指す教育改革へと転換が図られてきている。先行研究では，このような教育改革の方向性が，学校における教科の指導を通してどのように実現されていったかについての検証はなされていない。

一方，フランスにおける科学教育に関する先行研究として，ニコール・ユラン（Nicole Hulin）が，歴史研究の視座から科学と教育について多くの論考を行っている。特に，19世紀から20世紀初頭にかけての科学教育の制度化とコースによる分岐について検討するとともに，それらを1960年代から1970年代にかけての科学教育と対比させることで，科学教育の意義や特色を明らかにしている[22]。また，ミッシェル・ユラン（Michel Hulin）は，1970年代の物理・化学教育改革を推進したラガリーグ委員会（Commission Lagarrigue）への参加を背景としつつ，現代の科学教育において基本となるものは何かを再定義するとともに，科学の普及活動について論を展開している[23]。

わが国におけるフランスの科学教育に関わる先行研究には，主に以下のようなものがある。まず，第二次世界大戦前の動向について，阿部重孝は，国会付設中等教育調査委員会（Commission parlementaire d'enquête sur l'enseignement secondaire），通称，委員長名からリボー委員会（Commission Ribot）による勧告に基づく，1902年の改革について詳しく取り上げ，中等教育において実学教科としての理科系科目の地位向上について論じている[24]。そして，佐藤和韓鵄は，1920年代から1930年代にかけての初等教育と中等教育の教授要目を示し，科学教育の制度上の特質を教授内容の編

成と配置の観点から分析している[25]。また，第二次世界大戦後から1980年代に至る初等教育及び前期中等教育における科学教育の革新の過程について，戸北凱惟が明らかにしている。このうち，前期中等科学教育について，学習内容の現代化とともに，統一コレージュの成立にみる教育制度の民主化と連動して，初等，中等教育一貫した科学教育が成立ことを指摘している[26]。また，稲垣成哲は，中等教育段階における生物・地質分野と小学校低学年における科学教育について，その内容構成の特質を論じ[27]，角島誠は，1970年代から1980年代にかけての後期中等教育段階における物理教育について，学習内容の変遷を整理するとともに，評価活動の視点からその教育観について論考している[28]。

これらの先行研究により，統一コレージュ成立に至る教育の民主化と連動して，科学教育がどのように展開されてきたのか，1980年代までについて，制度的側面からの考察が行われている。しかし，1980年代以降今日に至る科学教育の変遷とその特質は明らかにされておらず，学校における教育活動の実態を含め，科学的教養育成の視点に基づく前期中等科学教育についての分析は行われていないのが実情である。

第3節　研究の視点と方法

1　研究の視点

本研究の目的は，1970年代のコレージュにおける物理・化学教育導入以降今日に至るまでの，現代フランス前期中等物理・化学教育改革の特質を明らかにすることである。そのために，以下の3つの視点をもとに論考を行う。

　①すべての生徒を将来の成功に導く実質的な平等の実現に向けて，生徒を中心に据えたカリキュラムへの転換がどのように図られているのか。

　②すべての生徒の将来の成功の実現に向けて，前期中等物理・化学教

育において生徒が身に付けるべき，科学的教養の内実はどのように変容しているのか。
③科学的教養の育成に向けて，どのような学習内容と指導方法がとられているのか。

　フランスにおける教育改革は，歴史的展開と現状についての批判的検討を踏まえながら，教育の根幹に関わる教育制度や組織の改革が行われ，それに続いて，具体的な学校カリキュラムの改革が行われるという流れが見られる。つまり，前期中等物理・化学教育の改革は，必然的に教育制度と連動して行われる。そこで，本研究では，教育制度改革の動向を踏まえた上で，どのような物理・化学教育が必要とされたのか，また，実際にどのように実施されていたのか，物理・化学の教育プログラムに示された目的，学習内容，及び教科書の記述と指導資料にみられる教育方法をもとに明らかにする。
　ところで，木村は，教科教育の比較研究を進める上での留意点として，①比較の枠組みとなる各国の教育制度の研究を前提とすること，②現状だけを切り離して研究するのではなく，歴史的側面を視野に入れること，③得られた情報を広く社会との関連において十分に検討することを指摘している[29]。本研究では，このような点に留意しながら，論をすすめることとする。

2　研究の方法

　本書は，上述の研究の目的を達成するため，序章と終章を合わせて6章で構成する。このうち，第1章から第4章では，1970年代の統一コレージュ成立以降今日に至る現代フランス前期中等物理・化学教育改革の過程を，生徒の学力多様化に対応するための諸改革の実施に合わせて，1975年から1980年，1981年から1987年，1988年から1996年，1997年から現在の4つに区分し，論を展開する[30]。そして，年代ごとに，背景となる教育界全体の動向，教育プログラムにみられる物理・化学教育の意図，実施

に向けた教育プログラムの解釈と教育方法に分けて分析する。本書全体の構成は，図序-1に示すとおりである。

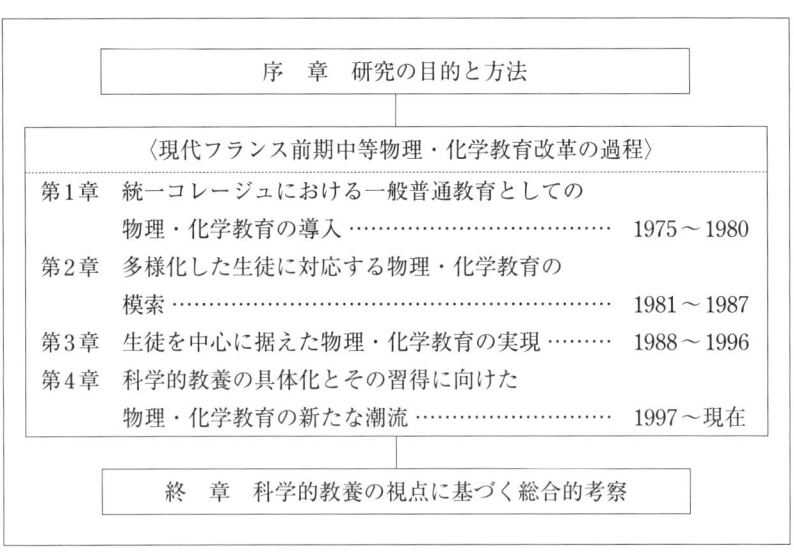

図序-1　本書の内容構成

　第1章では，1975年のアビ改革による統一コレージュ成立を契機として，コレージュのすべての生徒に教育の機会が提供されることとなった，「実験科学（sciences expérimentales）」における物理・化学教育に焦点を当てる。そして，一般普通教育として，「実験科学」においてどのような物理・化学教育が志向されたのかについて検討する。

　そのために，第1節では，統一コレージュにおいて物理・化学教育を担う教科として設置された，「実験科学（sciences expérimentales）」成立までの経緯を明らかにする。まず，中等教育における科学教育の地位が確立された1902年の改革以降，アビ改革に至る前期中等科学教育の歴史的推移をもとに，前期中等教育段階における科学教育の位置付けを検討する。次に，「実験科学」成立の導火線となった，1970年の教科「テクノロジー（technologie）」について，設置の経緯と学習内容を明らかにする。

そして，教科「テクノロジー」を批判的に検討し，前期中等教育段階の物理・化学教育について提言を行ったラガリーグ委員会の作成による理化教育プログラム草案の内容の分析を行う。次に，第2節では，統一コレージュにおける教育課程への物理・化学教育の導入について述べる。背景となるアビ改革の方向性を明らかにし，統一コレージュの設置の意義について検討する。そして，統一コレージュの教育課程に新しく導入された「実験科学」理化分野について，どのような物理・化学教育が提供されようとしていたのか，教育プログラムをもとにその意図を分析する。第3節では，「実験科学」理化分野の教科書及びその教師用指導書をもとに，新しく導入された「実験科学」理化分野が，教育関係者にどのように解釈され，学校においてどのような学習方法により実施されようとしていたのかを分析する。

　第2章では，1985年の教育プログラムにより導入された「理化（sciences physiques）」に焦点を当てる。統一コレージュの設置により顕在化した生徒の学力多様化と，科学技術の進展する社会からの要請に対応するため，「理化」においてどのような学習活動が展開されたのかについて検討する。

　そのために，第1節では，コレージュにおける学業不振の生徒の増大により社会問題化した，「学業失敗（échec scolaire）」を打開するためのコレージュ全体としての改革の議論と，教育諸施策について検討する。まず，ルグラン委員会報告『民主的なコレージュのために（*Pour un collège démocratique*）』における，コレージュの現状分析と改革に向けた具体的提案の内容を取り上げる。次に，未来のあるべき学術・教育・教養についての考えを示した，コレージュ・ド・フランスの『未来の教育のための提言（*Proposition pour l'enseignement de l'avenir*）』をもとに，学校教育における科学教育として何が求められているかを明らかにする。そして，これらの議論をもとに国民教育省により示された，学校教育と科学教育の新たな方向性について明らかにする。第2節では，コレージュ改革の議論を踏まえて改訂された，新しい教育プログラムにおける「理化」の目標及び学習内容について分析する。また，より完全な教育をすべての生徒に保証するため

に導入された，横断的テーマ（thèmes transversaux）の内容を明らかにする。第3節では，「理化」の教科書をもとに，学習内容として新たに導入された先端科学や科学の利用に関わる取扱いと，学習活動の展開方法について分析を行う。

　第3章では，一人ひとりの学業の成功と，その成功に向けた道筋の多様化の視点を取り込んだ，1989年の教育基本法（Loi d'orientation sur l'éducation）のもとで展開された，前期中等物理・化学教育に焦点を当てる。生徒の学業不振の打開と，将来における市民としての社会生活の実現に向けて，どのような物理・化学教育が展開されたのかについて検討する。

　そのために，第1節では，1980年代末から実施された教育方法・内容の検討と，新しい教育基本法の制定について述べる。まず，教育内容検討委員会（Commission de réflexion sur les contenus de l'enseignement）により示された，教育プログラムと教育内容，及び教科のあり方の方向性について明らかにする。そして，同委員会のもとで物理教育，化学教育の検討にあたった，ベルジェ委員会（Commission Bergé），マテイ委員会（Commission Mathey）による，コレージュにおける科学教育の現状分析と，現状の改善に向けた方策について述べる。次に，新しい教育基本法にみられる学校教育の新しい方向性を検討するとともに，その方向性の実現に向けた教育プログラムの作成プロセスを明らかにする。また，学校教育における科学教育の振興と，実験科学教育に関わる提言についてまとめる。第2節では，新しく教育プログラムの作成にあたることとなった全国教育課程審議会（Conseil nationale des programmes）のもとで初めて作成された，「物理・化学」の教育プログラムについて検討する。まず，教育プログラム改訂の端緒となった第6・5級における「理化」の廃止に向けた議論について考察する。次に，新しく実施されることとなった，第4・3級における「物理・化学」の教育プログラムをもとに，記述内容の特色，教育目標及び学習内容を明らかにする。さらに，リセの教育プログラムの刷新に向けた研究と実験的取り組みをもとに示された，中等教育段階における物理・化学教育における評価の観点について述べる。第3節では，個々の生徒の多様

性に対応する教育の実現に向けて整備された，新しいコレージュの組織において実施されることとなった，「物理・化学」の教育に焦点を当てる。まず，「学校改革のための新しい契約（Nouveau contrat pour l'école)」をもとに，学校改革のための具体的な措置について述べる。次に，新しく区分が示された学習期に基づき，第5級から実施されることとなった「物理・化学」について，目標，育成すべきコンピテンス，学習内容を明らかにする。そして，第4節において，「物理・化学」の教科書をもとに，その機能と構成を明らかにし，学習指導の方法について分析する。

　第4章では，1990年代後半から今日に至る物理・化学教育に焦点を当てる。生徒一人ひとりに習得させるべき共通基礎が具体化される過程を明らかにするとともに，共通基礎を構成する科学的教養の育成に向けて，どのような物理・化学教育が展開されているのかについて検討する。

　そのために，第1節では，2005年に制定された新しい教育基本法（Loi d'orientation et de programme pour l'avenir de l'école）において提示された，共通基礎が具体化されるプロセスを明らかにする。そのために，まず，2000年代に向けたコレージュ改革のための議論について述べる。次に，フランス国内の教育改革に影響を及ぼすようになった，EUの教育改革の動向を概観する。これらを踏まえて，新しい教育基本法の目指すところを分析するとともに，科学教育において中心的に育成が目指される科学的テクノロジー的教養（culture scientifique et technologique）の具体を明らかにする。第2節では，教育プログラムに見られる共通基礎の取扱いについて述べる。そのために「物理・化学」の教育プログラムに示された，目標及び学習内容を分析する。また，科学的テクノロジー的教養育成のプロセスで重要視されることとなった，探究の手続き（démarche d'investigation）の枠組みについて述べる。第3節では，科学的テクノロジー的教養の習得に向けた「物理・化学」の学習指導と評価の実際について，教科書及び実践事例をもとに明らかにする。

　終章では，第1章から第4章において明らかとなった，1970年代以降今日に至るフランスの前期中等物理・化学教育改革の過程を踏まえ，科学的

教養の育成の観点から，現代フランス前期中等物理・化学教育の特色について総合的考察を行う。特に，生徒を中心に据えた物理・化学教育カリキュラムへの転換，義務教育段階で求められる科学的教養に対する考え方の変容，科学的教養を育成するための物理・化学教育における具体的な手立ての，3つの視点に基づいて考察を行う。

　なお，本書では，訳語として以下を用いる。教育課程の基準である'programme' や'programme d'enseignement' を，「教育プログラム」とする。また，'technique' と'technologie' について，前者を技術物そのものやその製作の技に焦点を当てるものとして「技術」，後者を技術物の生産活動やそのシステム全体に焦点を当てるものとして「テクノロジー」とする[31]。また，教科名の「technologie」については，「テクノロジー」と訳出する。

　参考文献の表記について，国民教育省（Ministère de l'éducation nationale）は，年代により組織の変更が行われており，これに伴い国民教育省官報の正式名称も年代により異なっている。しかし，本書では，これらを統一的にすべて「*B.O.*」とする。また，物理・化学教育担当教員による組織の物理・化学教授者連合（Union des professeurs de physique et de chimie, UdPPC）の機関誌の名称は，すべて「*BUP*」とする。

序章　注及び文献
1) 阿部重孝，『欧米学校教育発達史』，目黒書店，1950，pp.179-302.
2) 階級によらず，すべての子どもが1つの学校系統を進んでいく単線型の学校体系に「統一学校（école unique）」という名称を与え，その実現に取り組んだコンパニョン協会（L'Association des Compagnons）の活動をはじめとする，第一次世界大戦後の統一学校運動について，例えば以下に述べられている。桑原敏明，「第7章第3節　フランス統一学校下の中等教育」，梅根悟監修，『世界教育史大系25中等教育史Ⅱ』，講談社，1976，pp.207-221.
3) *Le Rapport Langevin-Wallon*, Mille et une nuits, 2004.
4) 原田種雄，『フランスにおける教育改革の動向と問題』，国立国会図書館調査立法考査局，1960.
5) 1960年代の学校制度と教育課程について，例えば，以下に述べられてい

る。内藤貞，「第3章 フランス」，文部省大臣官房調査課，『主要国における学校制度と教育課程』，文部省大臣官房，1966，pp.103-135.
6) アビ改革以前における小学校修了者を対象とした教育体制の概要をまとめると，次のようになる。①大学進学者向けでエリート主義的な長期教育コースの7年制リセ前期課程，②義務教育修了者向け短期教育コースの4年制普通教育コレージュ，③長期及び短期のすべての教育コースを包摂した総合制の4年制中等教育コレージュ。
7) 1989年教育基本法をはじめとする一連の改革については，以下に詳述されている。小林順子編，『21世紀を展望するフランス教育改革－1989年教育基本法の論理と展開－』，東信堂，1997，pp.1-489.
8) 教育プログラムの定義と作成の枠組みについて，1992年の教育プログラム憲章で定められている。"Charte des programmes", *B.O.* n°8, 20-02-1992.
9) 例えば，2005年教育基本法と共通基礎について，邦語では以下の文献が参考になる。小野田正利，園山大祐，「第4章 フランスにおける『知識・技能の共通基礎』の策定の動向」，山根徹夫，平成18年度調査研究等特別推進経費調査研究報告書，『諸外国における学校教育と児童生徒の資質・能力』，国立政策研究所，2007，pp.30-60.
10) 第二次世界大戦以降統一コレージュ成立までの前期中等科学教育の展開について，例えば以下にまとめられている。戸北凱惟，「第3章第3節 前期中理科教育の発展」，学校理科研究会，『世界の理科教育』，みずうみ書房，1982，pp.188-208.
11) 直近の調査結果については，以下にまとめられている。国立教育政策研究所編，『TIMSS2003理科教育の国際比較－国際数学・理科教育動向調査の2003年調査報告書』，ぎょうせい，2005.，国立教育政策研究所編，『生きるための知識と技能2－OECD生徒の学習到達度調査（PISA）2003年調査国際結果報告書』，ぎょうせい，2004．また，これらの国際調査の結果からみた日本の理科教育の特色について，以下に述べられている。猿田祐嗣，「第1章第2節 国際比較調査からみた日本の理科教育の特色」，橋本健夫他編著，『現代理科教育改革の特色とその具現化－世界の科学教育改革を視野に入れて』，東洋館出版，2010，pp.24-31.
12) 共通基礎の具体的な内容は，政令によって規定されている。"Socle commun de connaissances et de compétences", *B.O.*, n°29 encart, 20-07-2006.
13) 例えば，国立教育政策研究所，『PISA2006年調査評価の枠組み－OECD生徒の学習到達度調査』，ぎょうせい，2007，pp.15-38.
14) 今日のフランスにおける教科書の実態について，以下の報告書で詳細に分析されている。D. Borne, *Le manuel scolaire*, La documentation française, 1998.

また，邦語文献として，以下にまとめられている。諸外国の教科書に関する調査研究委員会,『フランスの教科書制度』, 2007, pp.1-104.
15) 上掲書1).
16) 例えば，上掲書4).
17) 吉田正晴,『フランス公教育政策の源流』, 風間書房, 1977, pp.467-524.
18) 田﨑徳友,「フランスの中等教育における進路指導政策 – バカロレア資格およびその他の資格と，それらへ向けての進路指導の現実」,『福岡教育大学紀要』, 第34巻第4分冊, 1984, pp.1-50.
19) ルネ・アビ著, 村田晃治訳,『若きフランス人のための戦い – アビ教育改革回想録 –』, 東信堂, 1989.
20) 夏目達也,「第3章 前期中等教育改革の系譜とその特質」, 小林順子編,『21世紀を展望するフランス教育改革 – 1989年教育基本法の論理と展開 –』, 東信堂, 1997, pp.167-186.
21) 例えば, 藤井佐知子,「第3章 平等と多様性を尊重する学校 – フランス」, 二宮皓編著,『世界の学校 – 教育制度から日常の学校風景まで –』, 学事出版, 2006, pp.44-55.
22) 例えば, N. Hulin-Jung, *L'organisation de l'enseignement des sciences*, Edition du C. T. H. S., 1989., N. Hulin, *L'enseignement secondaire scientifique en France d'un siècle à l'autre – 1802-1980*, INRP, 2007.
23) M. Hulin, *Le mirage et la nécessité – Pour une redéfinition de la formation scientifique de base*, Presses de ENS et Palais de la découverte, 1992.
24) 上掲書1)
25) 佐藤和韓鵄,『欧米比較最近の理科教育思潮』, 寳文館, 1940, pp.419-506.
26) 例えば, 戸北凱惟,「第3章 フランス」, 学校理科研究会,『世界の理科教育』, みずうみ書房, 1982, pp.155-218., 戸北凱惟,「第4章 フランス」, 寺川智祐編著,『理科教育 そのダイナミクス』, 大学教育出版, 1995, pp.123-156.
27) 例えば, 稲垣成哲,「フランスの中等教育段階における生物・地質教育 – 内容構成の特質と問題点 –」, 中国四国教育学会,『教育学研究紀要』, 第28巻, 1982, pp.319-321., 稲垣成哲,「フランスの小学校低学年理科におけるカリキュラム構成」,『広島大学大学院教育学研究科博士課程論文集』, 第11巻, 1985, pp.178-185.
28) 角島誠,『フランスの後期中等教育における物理教育の動向 – 現代における物理教育の内容の変遷と評価を巡る諸問題』, 広島大学大学院教育学研究科修士論文, 1990.
29) 木村仁泰,「第13章 教科教育と比較教育学」, 沖原豊編,『比較教育学』, 有

信堂高文社，1981，pp.228-243.
30) 時代区分設定にあたって，例えば以下の文献を参考にした。上掲書20).
31) 例えば，1985年に新設されたコレージュの教科「テクノロジー」では，その目的は，技術製品（produits techniques）の構想，研究，実現，試行，利用の過程を理解し，自分のものとすること，社会における技術（techniques）と文化の関係を理解することにあるとされている。そして，普通教育におけるテクノロジー教育は，発展する技術に関する知識のみならず，革新を遂げつつあるテクノロジーの現象の理解と，産業組織の多様性，テクノロジーの進展と社会経済の進展との関係性の理解をもたらさねばならないとされている。MEN, *Collèges – Programmes et instructions*, CNDP, 1985, p.281.

第1章　統一コレージュにおける一般普通教育としての物理・化学教育の導入

　本章では，1975年の教育改革により統一コレージュが成立した1970年代後半を前期中等物理・化学教育の導入期と位置付け，コレージュのすべての生徒に教育の機会が提供される中で，一般普通教育として，どのような物理・化学教育が志向されたのかについて検討を行う。

第1節　「実験科学（sciences expérimentales）」新設に至る経緯

1　前期中等教育段階における科学教育の位置付け
（1）第2次世界大戦前の前期中等科学教育

　フランスにおいて，中等教育における科学教育の地位が確立される契機となったのは，リボー（Alexandre Ribot）を委員長とする委員会の活動をもとに実施された，1902年の改革である[1]。中等教育を社会の要求に対応させ，古典教育と近代教育の対立を解消するために実施されたこの改革では，人文教育と同様に，科学教育の価値が認められるようになった[2]。そして，中等教育の統合，整理が行われ，7年間にわたる中等教育は，第1期課程4年間と第2期課程3年間の2段階に分けられることとなった。それぞれの課程において科学教育に配当される時間数は，表1-1に示すとおりとされた[3]。

表1-1　1902年の改革による科学教育の週配当時間

第1期課程	第6級		第5級		第4級		第3級	
	A	B	A	B	A	B	A	B
博　物	1	2	1	1	1	1	0	1
理　化	0	0	0	0	0	1.5	0	1.5

注）A：古典科（ラテン語必修コース）　B：近代科（ラテン語を含まないコース）

第2期課程	第2級				第1級				完成級	
	A	B	C	D	A	B	C	D	哲学	数学
博　物	0	0	0	0	0	0	0	0	2	2
理　化	0	0	2.5	2.5	0	0	3	3	5	5
理化実験	0	0	2	2	0	0	2	2	0	2

注）A：（ラテン語・ギリシャ語必修）　B：（ラテン語，近代外国語必修）
　　C：（ラテン語，科学必修）　D：（近代外国語，科学必修，古典語なし）

　表1-1のとおり，現在のコレージュに相当する第1期課程における科学教育の中心は「博物（sciences naturelles）」であり，物理分野と化学分野を取り扱う「理化（sciences physiques）」は，第4級と第3級の近代科のみで学習されていた。つまり，理化は第1期課程のすべての生徒が学習するものとはなっておらず，その取扱いは，今日のリセに相当する第2期課程が中心であった。

　幾度かの教育課程の改革を経て，1937年に，第6級の「博物」は，「観察理科（sciences d'observation）」に改訂された。「観察理科」の学習内容は，表1-2に示すとおりである[4]。

表1-2　1937年改訂「観察理科」の学習内容

・ロベヴァル天秤の観察／重力の定義／長さ・面積・体積の定義の応用
・物質及びその変化の物理学的状態に関する観察，物質の三態
・星，太陽，羅針盤による地理学上の位置，子午線の定義
・脊椎動物による分類系統
・顕花植物による分類系統

第1章　統一コレージュにおける一般普通教育としての物理・化学教育の導入

「観察理科」では，それまで行われてきた「博物」における動物学や植物学の形態学的事項についての教授から，転換が図られている。教科名が示すとおり，具体物の観察を中心とする内容となっており，抽象的理論のみの構成を避け，観察することの修練が目標とされた。第6級にこのような教科が設置された理由として，佐藤は，1923年の小学校における科学教育の「諸物学習（leçons de choses）」への改訂に見られる，直感重視の科学教育の影響を指摘している[5]。「観察理科」では，わずかに物質についての学習が見られるものの，身のまわりの自然事象を対象とする博物を中心とする内容となっている。

1930年代の中等教育における科学教育の特色として，表1-3の週配当時間数に示すとおり，「博物」と「理化」が学年を異にして取り扱われている点を指摘することができる。1902年の改革時にみられた，第4，第3級の近代科における「理化」がなくなり，第3級までどちらのコースにおいても一様に「博物」が実施されている。そして，第2級と第1級で「理化」を，完成級でそれぞれのコースに合わせて「博物」と「理化」を学ぶこととなっている。

表1-3　1930年代の科学教育の週配当時間[6]

第1期課程	第6級		第5級		第4級		第3級	
	A	B	A	B	A	B	A	B
観察理科	1.5	1.5	0	0	0	0	0	0
博　物	0	0	1.5	1.5	1	1	1	1

第2期課程	第2級		第1級		完成級	
	A	B	A	B	哲学	数学
博　物	0	0	0	0	2+0.5	2+0.5
理　化	1.5+1.5	1.5+1.5	2.5+1.5	2.5+1.5	2.5+1.5	4+1.5

注）後者の数字は実験にあてられる時間

「観察理科」に続く第5級から第3級までの「博物」の学習内容は，表1-4に示すとおりである[7]。

表1-4 「博物」の学習内容

○第5級
・無脊椎動物の研究。
・昆虫の主な型。その共通の特徴。その互いに異なった区別点。その習性。その変態。通常の甲殻動物及び軟体動物。その群から選択されたその他の動物。
・顕花植物の科の分類研究。科の比較研究と顕花植物分類の一般原則。
・諸種の隠花植物の概略（シダ植物，コケ植物，藻類，菌類）。

○第4級
・普通の岩石の概略。
・地質現象の研究。大気の作用。水の作用。雨，流水，地下水，氷，海水。火山現象。土の移動。地質時代とその移り変わりに関する一般的知識。各時代に特徴的な動物と植物。

○第3級
・人体の解剖及び生理に関する知識，個人衛生の知識。主要器官と主な作用の概説。人体を清潔に保つことの大切なこと。筋肉の働き。呼吸作用。
・微生物に関する知識（バクテリア，菌類，原生動物）。その生存の条件。その自然発生説及びパスツールの研究。発酵研究におけるその応用及び微生物の培養。伝染病の研究。電線経路。抵抗と免疫。種痘及び血清免疫。殺菌と消毒。防腐。
・食物。その組成と栄養。栄養の働き。食物への寄生。食物の変質。貯蔵。有害菌。水。飲料水。水の汚染。水の浄化法。アルコール中毒。

このように，第2次世界大戦以前の前期中等教育段階の科学教育において，その中心となる学習内容は，生物分野と地質分野を取り扱う「博物」であった。

第1章　統一コレージュにおける一般普通教育としての物理・化学教育の導入

（2）第2次世界大戦後の前期中等科学教育の推移

　第2次世界大戦後，前期中等教育段階における科学教育は，中等教育制度の改革とともに変化を遂げることとなる。学校種別に分化していた教育制度が一般普通教育制度のもとに一本化され，教育制度にふさわしい科学教育へとカリキュラムが改訂されていったのである。

　第2次世界大戦後のフランスにおける教育とその改革は，1947年のランジュヴァン・ワロン改革案（plan Langevin-Wallon）の方針に従っているとみることができる。ランジュヴァン・ワロン改革案では，教育の機構を社会の機構に適応させるべきこと，すべての子どもがその人格を最大限に発達させる平等の権利を持つこと，能力の正しい発達と利用のために指導の組織を確立すること，などが基本原則として掲げられている。そして，義務教育年限の18歳までの延長，学校系統の単線化，義務教育修了以前の試験の廃止などを内容とする，これからの教育制度のあり方が具体的に述べられた[8]。

　この改革案を実現すべく，教育改革が漸進的に実施されていった。1959年のベルトワン（Jean Berthoin）改革では，義務教育年限を，1936年以来6歳から14歳までの8年間であったものを，2年間延長して16歳までとした。さらに，中等学校の最初の2年間である，第6級と第5級を「観察課程（cycle d'observation）」とし，異なる種類の学校間においても，できるだけ共通なカリキュラムによる普通教育を行い，生徒の適性を十分観察した上でコースの専門分化を行うこととした[9]。

　しかし，「観察課程」の2年間では十分な適性発見と進路指導が行えないこと，観察に基づく生徒の転学・転科などの進路変更が必ずしも円滑に行えないことから，1963年のフーシェ（Christian Fouchet）改革では，中等教育を前期（4年）と後期（2～3年）に分け，前期4年間を「観察・指導課程（cycle d'observation et d'orientation）」とし，専門分化が後期から始まるようにした。また，総合制の前期中等教育学校として，中等教育コレージュ（collège d'enseignement secondaire，以下CESと略記）が創設された。しかし，CESでは，旧来の制度を引き継ぐコース制（古典科・近代科・推

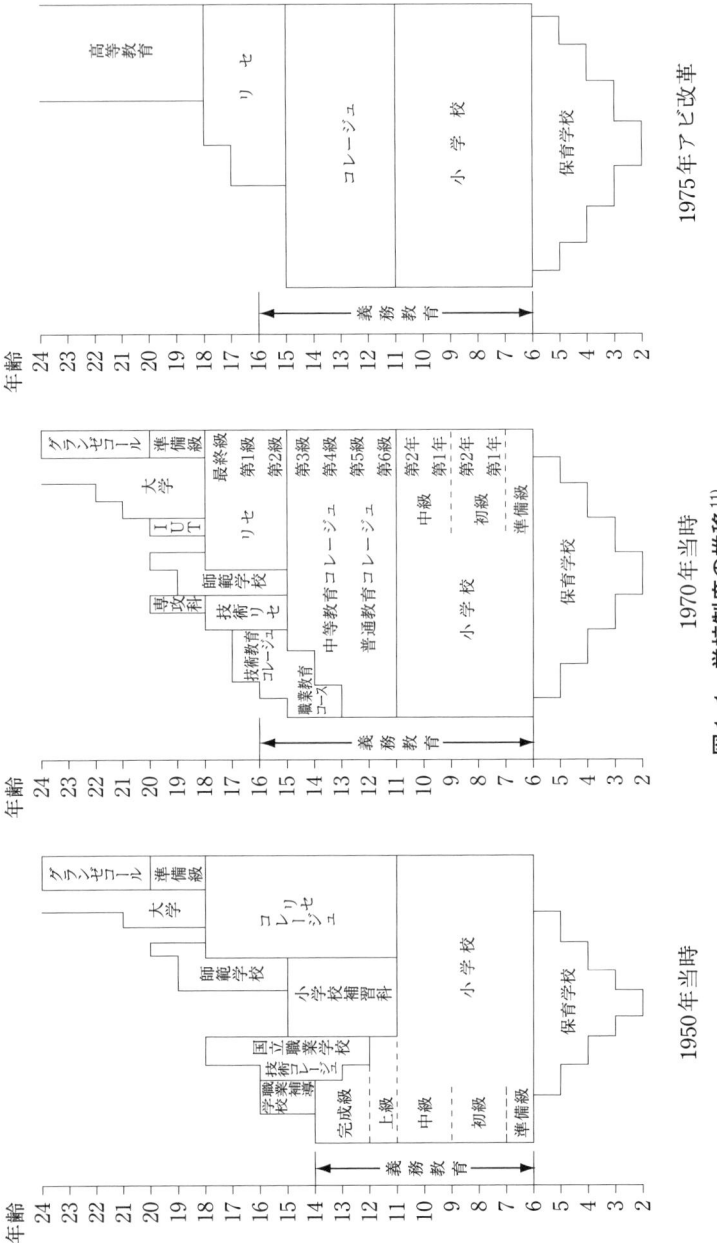

図1-1　学校制度の推移[11]

移学級）を採用し，コース別の教育を実施したため，第6級入学時に将来の進路が決まるという問題は解決されなかった[10]。

このような学校制度改革のもとで，前期中等教育段階において実施された科学教育に関わる教科名と実施時間数の推移を，表1-5に示す。

表1-5　前期中等科学教育の推移[12]

年度	教科名	第6級	第5級	第4級	第3級	備考
1958	観察理科	1.5	1.5	1.5	1〜1.5**	古典科・近代科のコースに分化
1960	観察理科 理科実験学習	1.5 1*	1.5 0〜1**	1.5 0	1〜1.5** 0	
1968 1970	観察理科 生物 テクノロジー	0 2 0	0 2 0	0 0 2	1〜1.5** 0 2	コース分化は漸次消滅

注）*1学期のみ実施　**コースにより選択時間が異なる

つまり，1960年代までの前期中等教育段階の科学教育の中心を担っていたのは，「観察理科（sciences d'observation）」であるといえる。「観察理科」では，各学年で表1-6に示す内容が取り扱われていた[13]。

表1-6　「観察理科」の学習内容

〈第6級〉
　　人体……人体の構造，骨格，筋肉，大人と子どもの歯
　　脊椎動物……その地方の脊椎動物，形態，分類，生活環境，飼育
　　顕花植物……その地方の主な顕花植物，形態，植物の利用，分類，栽培
〈第5級〉
　　無脊椎動物……その地方の無脊椎動物，形態，分類，人間に有益な無脊椎動物とその飼育，人間に有害な無脊椎動物
　　隠花植物……その地方の主な隠花植物，形態，分類
　　第6級と第5級で学んだ生物の統一的見方……有益な生物，有害な生

> 物，自然における人間の役割
> 〈第4級〉
> 岩石……その地方の主な岩石，分類，フランスで採鉱される鉱物
> 地質現象……地質現象の外的要因と内的要因，比較
> 地球の歴史……地質年代，化石，地域の地質の理解，フランスの地質図
> 土壌，地下と人間……植生との関係，応用地質学
> 〈第3級〉
> 器官と関係機能……骨格，筋肉系と運動，神経系，
> 器官と栄養機能……食物と人間，消化器と消化，循環器と循環，呼吸器と呼吸，腎臓と排泄
> 衛生学と微生物……一般衛生学，人間と微生物，社会衛生学

　表1-6から，「観察理科」では，動植物の分類学や形態学，地質学とともに，生理や衛生などが取り扱われており，その内容は博物を中心とするものである。これらの学習においては，実物を徹底的に観察して調べ，その結果を正しい名称を用いた表現でまとめていく指導が行われていた。博物学習の基本は観察することであるとして，与えられた動植物や鉱物について，分析的にみて，観察事実を集積し，帰納的に結論を引き出すことが，「観察理科」の指導方法であった。このような学習方法は，初等教育段階における「諸物学習」とも関連するものであり，フランスの伝統的な科学教育の特色となっている[14]。

　一方，1960年度より第6級と第5級で課されるようになった「理科実験学習（travaux scientifiques expérimentales）」は，観察主体の「観察理科」とは異なり，生徒自らが行う実験作業を中心とするものとなった。その目的として，活動面から科学的才能や適性を判断すること，探究や推論など実験的方法により学習すること，初等教育と中等教育を接続するとともに，活動を通して抽象化したり表現したりする能力を育成することが挙げられている[15]。学習内容は，地理や博物に主題を求める系列と，物理や化学，数学に主題を求める系列からなっており，表1-7に示すとおりである[16]。

第1章　統一コレージュにおける一般普通教育としての物理・化学教育の導入

表1-7　「理科実験学習」の学習内容

○第1分野：人間と環境（地理や博物に主題を求める系列）
　　地方環境における気候と人間／水と人間／森林と人間／栽培植物／目とその補助装置／森林と地方／人口統計学的，経済・社会的秩序に関する基本的な事柄
○第2分野：物理と数学（物理，化学や数学に主題を求める系列）
　　幾何学と運動学／力と偶力の測定／純粋な物質，温度と尺度

「観察理科」の学習内容と比べると，「人間と環境」で人と自然との関わりを中心として多面的なテーマが設定されていること，「物理と数学」で力学の初歩や物質の学習が取り入れられていること，などが特徴的である。

このように，学習内容の転換が見られるものの，「理科実験学習」は，第6級の1学期のみすべてのコースに，第5級では近代科だけに課されるものであったため，すべての生徒に科学・技術に関わる十分な教養を与えるものとはなっていなかったと考えられる。しかし，科学の学習は，観察のみではなく様々な実習（travaux pratiques）を通して行われるべきであることを示したことは，歴史的にみて画期的であったといえる。

1960年代後半になると，それまで前期中等科学教育の中心を担ってきた「観察理科」の解体がみられる。それまで実施されてきた「観察理科」に代わって，1970年度から「生物（biologie）」が第6級と第5級で課されることとなった。「生物」では，科学的態度，科学的精神が尊重され，生命に関する取扱いに多様性を持たせ，複雑に作用しあう問題を探究的に調べる活動が必要であることが主張されている。そして，「観察理科」に見られるような分類，形態を特徴とする博物的思考をもとにした内容だけでなく，総合的，生態的，多面的解釈を必要とする内容が多く取り扱われるようになった[17]。

このように，第2次世界大戦後から1960年代の終わりにかけて，前期中等教育段階における科学教育は，伝統的な博物の内容を中心とする観察，記載中心の学習から，物理・化学の内容をも取り込んだ実験，実習に基づ

く探究的な学習へと，学校制度の改革とともに徐々に転換が図られていった。

2　前期中等教育段階への教科「テクノロジー（technologie）」の導入

　コレージュでは，1970年度から，基礎教科（disciplines fondamentales）として，第4級と第3級で「テクノロジー（technologie）」が週2時間課されるようになった。1971年7月には，テクノロジー教育を体系的に規定した「テクノロジー教育基本法（Loi d'orientation sur l'enseignement technologique）」が制定されている。職業資格への準備に向けて，教育において科学的・テクノロジー的教養の育成が求められるようになり，一方で，生徒に科学や技術を学ぶ機会を提供することが，国の発展への責任と生徒の進路選択の可能性を拡げることになると考えられていた[18]。

　「テクノロジー」を指導するにあたり，24名以下の学級で，実験と実習を中心とした学習指導を行うことが求められた。そして，男女共通に，表1-8に示す内容が学習されることとなった[19]。

表1-8　「テクノロジー」の学習内容

〈第4級〉
　1　テクノロジーと力学
　　・運動の学習は体系的な学習になるとは限らない
　　・動きを伝えるもの，他の物体へ動きを伝える工夫
　　・長さの測定，測定と具体的証拠
　　・角度，力の測定
　　・物体の変形と力，力の表し方，力の単位，圧力，質量
　　・天秤の操作，正確な秤量とその精度
　2　技術的諸物とその関連
　　・具体物の表現，概念図，グラフ化
　　・技術的分析に必要なデッサン，記憶に基づくデッサン，説明に基づくデッサン，隠れた部分の発見
　　・断面の測定とスケッチ
　　・製図と製作

〈第3級〉
1 テクノロジーと力学
 ・回転を利用した技術物……回転するものの観察／回転の伝達／回転の実験
 ・回転運動の伝達と進行……歯車による伝達／運動伝達部分としての留め金の役割／歯車のかみ合わせ
 ・機能的な関係付けと製図
 ・角度の測定……回転速度の表現／軸と軸受けの間の回転数／マイクロメーターの利用とダイヤルゲージ
2 電流に関する実際的学習
 ・電球の取り付け……懐中電灯の機能，電流の性質／自転車の発電機の原理／交流の発生と電球の取り付け／安全規格
 ・電気に関する初歩的認識……電流，交流，電圧の大きさ／配電盤とヒューズ／電気回路
 ・電気エネルギーの消費……電気エネルギーと電力／暖房や電球の消費電力の表示法／家庭電気器具に関する知識
3 燃焼に関する実際的学習
 ・熱の発生……ブンゼンバーナー／固体や液体の燃焼／燃焼による熱量
 ・燃焼の要素……原子や分子に基づく基礎的理解（メタン，プロパン，ブタンなど）／燃焼についての基礎的理解／化学反応の理解
 ・燃焼の利用……蒸発，潜熱，溶解／燃焼を利用した発電と各部の動作原理

　このように，「テクノロジー」は，第4級では物理的分野と技術的分野，第3級ではさらに化学的分野が加わっており，それまでのコレージュにおける博物を中心とする科学教育から，大きな転換が図られているといえる。また，力学，電気，燃焼の学習において，技術物の分析から内容が展開されており，科学と技術の分野の内容を併せ持つ，「テクノロジー」の複合的な性格が窺える。
　プログラムに提示された学習内容は，教科書において，例えば表1-9の

ように展開されている。第3級の「燃焼に関する実際的学習」に関する事例を示す[20]。

表1-9　Armand Colin社の第3級教科書における「燃焼に関する実際的学習」の取扱い

第3部　化学
20　ろうそくの燃焼……開放系での燃焼／閉鎖系での燃焼／ろうそくの成分
21　その他の燃焼……いくつかの有益な燃焼物の実験／一般化の試み／結論，定義／燃焼物の熱量
22　ブンゼンバーナー……機能／原理／仕組み／動作／炎に関する学習／使用上の注意／補足
23　燃焼による生成物……炭素の燃焼：炭酸ガス／水素の燃焼：水／水の分析／結論
24　分子と原子，化学反応……原子／分子／化学反応／化学式／約束事／メタン分子／構造式のきまり
25　バーナー，トーチ，湯沸かし器……ブタントーチの利用／ブタントーチの機能／原理／炎に関する学習／ガス湯沸かし器の機能／原理／装置の全体／水1Lあたりの光熱費／湯沸かし器の効率
26　ロケット……反応による前進の原理／ロケットの原理／固体燃料／液体燃料
27　4サイクルエンジン……ピストンエンジンの原理／4サイクルエンジンの原理／仕組み／配置／2サイクルエンジン

　学習項目を見ると，燃焼をキーワードとして，具体的な事象や実物の観察や実験をもとに，その仕組みや原理を学び，その中で関係する化学の知識が導入されていることがわかる。体系的な学習内容になっているとはいえないが，生活科学や応用科学の側面を有しており，技術物を理解していく中で，科学の学習が取り込まれていることが窺える。
　「テクノロジー」は，後に示すラガリーグ委員会（Commission Lagarrigue）の支援や国民教育省の指導によって推進されたものの，生徒

にとっては，学習内容や教科の価値，将来に対する貢献が不明確であり，学んだ実感があまり得られていない，という問題も見受けられた[21]。しかし，「テクノロジー」の存在は，前期中等教育段階において科学と技術が一般教育の教科として必要不可欠な知識であるとする，新しい思想を持ち込むこととなった。そして，これまでの古典教科重視の選別意識に対して，近代的教科の重要性と価値の意識を取り入れ，概念主義から実験主義への価値観の変化をもたらすものとして，大きな意味を持つものとなった。

3 前期中等教育段階における理化教育の実施に向けた検討
(1) ラガリーグ委員会における理化教育の検討

フランスの中等教育段階における科学教育は，1970年代のラガリーグ委員会と呼ばれる組織の活動により，大きく変えられることとなる。

1970年4月，フランス物理学会（Société Française de Physique），フランス化学会（Société Chimique de France），理化教授者連合（Union des Physiciens）は共同して，理化教育改革の必要性を訴えた。三者は，理化教育の現状について，以下のように述べている[22]。

①科学，とりわけ理化に対する，生徒の感覚的な嫌悪（désaffection）が現実に認められる。
②教育プログラム，そして科学教育の方針は，変化している今日の状況に応じるよう修正されなければならない。
③理化は，現代世界の進歩にとって大きな位置を占めており，職業にも関係しており，基礎的教科のうちに数えられるべきものに値する。それは，中等教育のすべての生徒に対して実施されるべきである。
④理化教育はもっと早くから始められなければならない。
⑤真に刷新される教育の構想の中で，論理と形式のみの要求を放棄しなければならないことを認識しなければならない。大切なことは，親しみやすく，観察，認識，考察の能力を伸ばすことのできる，問

題，現象，概念に生徒の関心を取り戻すことである。

　そして，もはや補足的な手直しではなく，抜本的な更新がもたらされなければならないとして，改革のための専門委員会組織が必要であるとした。
　また，1971年2月には，科学アカデミー（Académie des Sciences）が，大統領宛に科学教育の危機を訴える書簡を送付している。書簡の中で，「科学アカデミーは，中等教育の相変わらず抽象的で教条的な性格に困惑している。それは，実験の方法の独自性と豊穣さをかなり過小評価している。不幸にも，それは演繹の訓練であって，義務教育を経て，理系の学習に進む生徒を見定めるために必要となる，観察の精神，実験の巧妙さや具体的な問題に対して対処する能力を見出すことには向いていない。」と述べ，従来のままの抽象的で教条的な中等科学教育の現状を危惧している。そして，一般教育としての実験科学の重要性を説き，「中等教育における科学・技術教育の新たな方向性と，その高水準での再興が，国家間競争におけるわが国の立場を決定する」として，若者の教育における抜本的な変革を求めた[23]。
　このように，中等科学教育に対する改革を求める機運が高まる中，1970年11月に，ギシャール（Olivier Guichard）国民教育大臣により，「物理・化学・テクノロジー教育研究委員会（Commission d'études pour l'enseignement de la physique, de la chimie et de la technologie）」（委員長であるラガリーグ（André Lagarrigue）の名前から，通称ラガリーグ委員会）が，国民教育省のもとにおく公的組織として設置された。ラガリーグ委員会は，前期中等教育段階におけるテクノロジーの教育，後期中等教育段階の教育プログラム改革，教員養成について検討することを目的としている。このうち，前期中等教育段階について，以下の点を検討することが求められた[24]。

　　・基礎教科とされていることを踏まえ，第4級と第3級のテクノロジーの教育で求められている目的を明確にすること。
　　・適切な教育プログラムを作成すること。

・教師に対して，新しい教科の教育をより容易にするために，取扱い（instruction）とコメントを作成すること。

　これらの事項の検討にあたり，委員会における教育開発の指導的立場にあった物理学者のミッシェル・ユラン（Michel Hulin）は，既存の「テクノロジー」の弊害と，今後の第4級と第3級の科学教育のあり方について，以下のように述べている[25]。

　　第4級と第3級で導入される，入門としての教育を示すために，「テクノロジー」の名称は放棄されるべきである。
　　この名称は，技術教育（enseignement technique）における使い方に由来する伝統を負うものである。その名称を使用し続けることは，中等教育による，他の教育の必要性に答えるために作られた教科の単なる借用を想起させる。それは，中等教育固有の目的，生徒や教師の特徴に応じた，新教科を作る必要性を妨げるものとなっている。第4級と第3級における教育は，後期中等教育における理化の伝統的な教育とのずれを作るものであってはならない。
　　独創的な教育を作り上げるため，第4級と第3級では"科学・技術への入門（initiation aux sciences et techniques，IST）"が必要であると考える。

　さらに，第4級と第3級の教育には，第6級から最終級までを見通した教育の一部を成すとともに，"実験科学と技術の一般教育（enseignement général des sciences expérimentales et des techniques，EGSET）"として，科学の各領域同士やその後の科学教育と関係付けがなされることを期待している[26]。
　このように，ラガリーグ委員会における研究開発では，教科「テクノロジー」を「科学・技術への入門」として捉え直し，中等教育全体を見通した上でコレージュにおける教育としてどのような内容や方法がふさわしい

か，議論がなされた。その結果，以下のような方向性が示された[27]。

　　私たちは，第1期における現行課程の廃止を判断する。私たちは，実際，この段階のすべての生徒たちに，実験科学の論証（raisonnement）の様式と，テクノロジーの所与への入門がふさわしいと考える。それを導入することは，概念的で論理的な特徴を持つ教科と，実験や実習のエッセンスを引き出す教科との間のバランスのとれた教育の方向へ進歩させるであろう。生徒の多様な態度の開花に好意的な要素となる，学校の活動の多様化をもたらし，社会環境により支配された予めの知識とは独立するものとなるだろう。

　そして，教育改革の枠組みの中で，「実験科学とテクノロジーへの入門（initiation aux sciences expérimentales et à la technologie）」がふさわしい位置を獲得するとともに，第6級と第5級では，近接教科と連携しながら実験科学とテクノロジーに触れる機会を持たせ，第4級と第3級では，技術物の学習や実験科学の論証の様式の育成を可能にする，モジュール式の学習活動が展開されることを期待している[28]。

（2）第6・5級の理化教育プログラム草案
　ラガリーグ委員会は，1976年3月，アビ（René Haby）国民教育大臣による要請に応じ，理化の教育プログラム草案を提出した。草案では，コレージュにおける理化教育の目的（finalités）について，以下のように述べられている[29]。

　　理化教育は，生徒個人の発達をねらいとする。そのために，すべての生徒に同様に，基本的な科学的知識（bagage scientifique de base）が提供される。この教育の主たる目的は以下のものである。
　　a）　科学的方法の要素の生徒の獲得を援助する。
　　b）　生徒に自然環境や技術環境に対する科学的態度を育成する。

c）　生徒にいろいろな科学的スキル（savoir-faire）の獲得を援助する。
　d）　生徒に必要不可欠な概念（concepts）の手ほどきをする。

　つまり，理化教育では，生徒個人の発達に向けて，生徒の科学的方法の獲得，科学的態度の育成，科学的スキルの獲得，科学的な概念の形成が目指される。

　科学的方法と科学的精神の獲得にあたっては，生徒自身による実験活動の実施が求められており，生徒の自発性を尊重し，生徒が疑問を抱くよう，また，仮説を立てる際には創造性を大切にすることが求められている。このような学習活動を展開するために，自然や技術環境の中の具体的で実験的な場面を取り挙げることが必要とされている。また，第6・5級の観察期では，直接的な感覚や観察のデータをもとに学習し，第4・3級の進路指導期では，説明のためのモデルや一般的な概念を導入するといったように，帰納的方法から演繹的方法へと展開させながら，概念の獲得が漸次行われることが意図されている[30]。

　上述の目的を達成するために，方法（méthodologie），態度（attitude），スキル（savoir-faire），知識（connaissances）の目標（objectifs）が具体的に示された[31]。

　a）方法について
　　生徒による実験では，以下のような，科学的方法（méthode scientifique）のプロセスを行うことを可能にする。
　　－観察する。
　　－情報を調べる。
　　－仮説を立てる。
　　－変数を制御する（他の条件を同一にする）。
　　－問題の解決を可能にする仕組みを探す。
　　－仮説を検証するために実験する。
　　－分類する。

－評価する，見積もる。
　　　－新しい概念のための操作上の定義をする（例えば，電流の大きさは，その存在を示しどのように測定できるかを知るときに定義される）。
　　　－結果を示し，コミュニケーションする（データの表，グラフ，口述や記述の表現）。
　　　－結果を解釈する。
　　b）態度について
　　　－一般的なもの（協力，グループ活動，丁寧さ，組織化など）。
　　　－理化の習得におけるもの（好奇心，創造性，安全のセンス，客観性）。
　　　－技術物に対するもの（分析，制御）。
　　c）スキルについて
　　　－探究の様々なテクニック（分離，加熱など）。
　　　－実験，追試，実験装置の表現と図示。
　　　－測定器具の使い方，結果の記録。
　　d）知識について
　　　期待される知識は，学年ごとに提示される。

　方法については，生徒による実験において，観察から結果の解釈に至る一連の科学の方法を習得することが目標とされている。態度については，好奇心や創造性，安全性，客観性といった理化に対する態度のみならず，グループ活動での協力や丁寧さといった一般的な態度，技術物に対する態度についての言及が見られる。スキルについては，実験する際の技能の習得が目標とされている。知識については，各学年の学習項目に関係している。第6・5級における学習内容は，時間・空間・運動，物質の状態，化学反応，電気回路，熱，光である。例えば，物質の状態と化学反応について，表1-10に示す知識が取り上げられている[32]。

表1-10　物質の状態と化学反応に関する知識

〈第6級〉
○知識（Notions）
1. 物質の状態
   - 混合物の知識：混合，構成物の分離。
   - 状態変化：水の循環に重点を置く。
   - 状態変化や混合の際，物質の量を特徴付けるものとして，体積よりむしろ質量についての考えを引き出す。
2. 化学反応
   - 空気中の2つの気体の存在，その1つである燃焼を可能にする酸素：気体，気体，液体を燃焼させる。
   - 炭酸ガスの存在と識別。

〈第5級〉
○知識
1. 物質の状態
   物質の状態，特に気体固有の特性（圧縮性，膨張性）の質的学習。
2. 化学反応
   化学反応が起こるためにはいくつかの実験条件が満たされる必要があることを強調する。漸次元素の知識を引き出すことを可能にする事例を選択する。
   - 第6級の学習と関わって，空気中の酸素によるその他の酸化を理解できる。
   - 燃焼から炭酸ガスを取り出したり，いくつかの場合，炭素の検出（沈殿もしくは煙）をしたりすることで有機物の存在を認識することができる。
   - 水溶液の反応を行うことができる。酸と金属もしくはその他の固体（石灰石）との反応，沈殿反応。

〈第6級・第5級共通〉
○スキル（Savoir-faire）
   - 加熱器具の利用（特にブンゼンバーナー）。
   - ガラス器具の操作。
   - 化学器具の加熱。

> － 気体の捕集。
> － 天秤の利用。

　このような目的，目標を実現するため，教育方法について以下の提案がなされている[33]。

- 生徒の日常の科学的技術的環境に見られる，具体的な実験の場面に重点を置いた学習を行う。
- 生徒の活発な探究，試行錯誤，実験の実現に重点を置く。そのため，ゆったりとした活動のリズム，十分な時間の確保，少人数グループを要する。
- 第6・5級の生徒の一般的な発達段階を考慮する。
- 様々な実験の場面は，概念，技術物，類似した実験や活動を中心に整理されたユニット（unité）として提示される。

　教育方法の提案から，理化教育を実施する上で重視されている点は，生徒が日常生活で遭遇する事象に重点を置くこと，生徒自身の活動により学習を展開することである。そして，生徒の発達段階を考慮するとともに，教師の教育の自由を保障し，クラスの実態に応じた学習活動を可能にするため，ユニットを用いた学習が提案されている。

　このように，ラガリーグ委員会よって構想された第6・5級の理化教育の内容は，生徒に身近な事象を取り上げるとともに，生徒自身の実験活動が重視されている。そして，物理と化学への入門としての性格を有するものとなっていることがわかる。

　「テクノロジー」を礎石として，ラガリーグ委員会における改革をもとに，1977年，「実験科学（sciences expérimentales）」の名称で，フランスの前期中等教育初の物理・化学・生物・地学の内容からなる4年間一貫した科学教育が実現することになった。

第2節　統一コレージュ教育課程への物理・化学教育の導入

1　アビ改革による統一コレージュの成立

　複線型の学校体系を伝統的に採用してきたフランスにおいて，第2次世界大戦後に発表された教育改革案や実際の教育改革は，基本的にすべての子どもに対する中等教育の機会の保障に向けて展開してきた。1959年のベルトワン改革，1963年のフーシェ改革を踏まえて実施された，1975年のアビ改革もこの方向性を受け継ぐものである。

　アビ（René Haby）国民教育相は，1975年2月，『教育制度の現代化のための提案（*Proposition pour une modernisation du système éducatif*）』を発表した。これに基づいて教育改革法案を作成し，議論と修正を経て，1975年7月11日に「教育基本法（Loi relative à l'éducation）」が成立した。第1条では，以下のように述べられている[34]。

　　すべての子どもは，学校教育を受ける権利を有する。学校教育は子どもの家庭の活動を補完し，その教育に協力する。この教育は，6歳から16歳まで義務である。学校教育は子どもの開花を促進し，子どもに教養の獲得を可能にし，職業生活及び人間・市民としての責任の遂行の準備をなすものとする。学校教育は，生涯学習の基盤となるものである。家庭は，これらの使命の遂行に協力するものとする。機会均等の促進のため，適切な条項により，各自の能力に応じて様々な種類と水準の学校教育を受けることが可能とされる。それらの条項は，義務教育年限中の教育の無償を保障する。国家は，子どもの人格及び家庭の教育活動の尊重を保障する。

　この教育基本法に基づく教育改革（以下，アビ改革と記述）では，学校教育は，以下のような諸原理のもとに行われることとなった[35]。

・すべての子どもは，学校教育への権利を保障されるべきこと。
・家庭と学校とは相補的関係にあり，両者が連携すべきこと。
・これまで知育（instruction）の場であった学校は，道徳・公民教育や職業教育を含む，全面教育（formation globale）の場となること。
・学校教育は，子どもの開花の助成，教養の習得，実生活への準備という目的を果たすべきこと。
・学校教育は，生涯学習の基盤となること。
・機会均等を実現するために，適性に応じた教育措置と義務教育の無償が保障されるべきこと。
・学校において，子どもの人格と家庭の教育活動を尊重すること。

そして，教育基本法第4条では，コレージュについて，以下のように述べられている[36]。

> すべての子どもは，コレージュにおいて中等教育を受ける。中等教育は，生徒に彼らの時代の社会に適合した教育を与えることを目的として，初等教育と断絶することなく接合する。中等教育は，知，芸術，手工，身体，及びスポーツに関する，諸科目の均衡の上に立ち，諸適性や諸趣向を実現させることができるようにする。中等教育は，中等教育の後直ちに，もしくは生涯学習の中で行われる，普通教育，あるいは職業教育の支柱を形成する。

アビ改革において，これまで7年制リセの前期段階，普通教育コレージュ（collège d'enseignement général, CEG），中等教育コレージュ（collège d'enseignement secondaire, CES）で行われてきた前期中等教育は，コレージュに統一されることとなった。統一コレージュでは，第6級と第5級を「共通課程（cycle commun）」，第4級と第3級を「進路指導課程（cycle d'orientation）」とし，原則としてすべての生徒に共通した教育が行われる。そして，教育内容は，教育諸活動が相互補完的有機的に結び付き，生

42

徒各人の諸能力の全面発達を目指して，「均衡」のとれたものとする。ま
た，教育方法として，実生活に生きて働く学力の形成に向けて，活動主義
的教育方法が重視されることとなった[37]。

2 「実験科学」の目標

統一コレージュの設置に伴い，1977年の入学者から新しいカリキュ
ラムが実施されることとなった。科学に関わる教科として，「実験科学
（sciences expérimentales）」が設置された。週当たりの授業時間数を表1-11
に示す[38]。

表1-11　週当たりの授業時間数

教科名 \ 学年	第6級・第5級	第4級・第3級
フランス語	5	5
数学	3	4
外国語	3	3
歴史・地理・経済・公民	3	3
実験科学	3	3
芸術	2	2
手工・技術教育	2	1.5
体育・スポーツ	3	3

※　第4級，第3級には，選択科目がある

新しく設けられた「実験科学」は，物理学と化学の内容からなる「理化
分野（sciences physiques）」と，生物学と地質学の内容からなる「博物分
野（sciences naturelles）」で構成されている。これにより，これまで行わ
れてきた博物を中心とする科学教育を改め，理化と博物の学習内容につい
てバランスのとれた科学教育が実施されることとなった。つまり，前期中
等教育段階のすべての生徒に対して，物理・化学分野の教育の機会が保障
されることとなった。

新しく導入されることとなった「実験科学」について，全体の目標

（objectifs）と，分野ごとの取扱い（instructions）が示されている。「実験科学」全体の目標は，以下のように述べられている[39]。

- 中等教育は，すべての生徒を，漸進的で継続的な方法により，科学的知識，技術的な実現（réalisation techniques），科学や技術の領域における現代研究のできるだけより高いレベルに導く。
- 容易さ（facilité）の間違った印象を与えることを避けながら，また，客観的事実の追究を表現することの困難さを自覚させながら，科学的態度を生み出す。
- 実験的な態度への入門により，科学的精神を養う。またそれは，論理的推論（raisonnement logique）の教育を可能にしながら，観察，分析，総括の質を高める。想像力の質，創造の精神は，特に実験の学習により培われる。
- 分析の簡単な方法の導入により，物理的，化学的，生物的，地質的，技術的な，物体や現象の観察の練習をする。この活動では，生徒に事実と解釈を区別するよう，選択の異なる条件を吟味するよう，積極的批判的精神を伸ばすよう，練習する。

つまり，「実験科学」として，実験を中心とした学習活動をもとに，科学的態度，科学的精神，批判的精神を養いながら，科学的知識や科学の現代研究へ導くことが示されている。そして，実験に基づく学習活動を展開するにあたっては，生徒の身近な環境における状況や現象を出発とし，漸進的で，ゆっくりとした，繰り返しのある，適切な状況の学習なるよう配慮が求められている。

さらに「実験科学」の学習は，表現方法の発達につながることについて言及されている。具体的には，口語表現，観察による描写，記述表現であり，特に第4・3級の2年間で，正確な科学用語の習得，グラフや図表を用いた表現，設計図といった，表現方法の充実と多様性を追究することが求められている[40]。

第1章　統一コレージュにおける一般普通教育としての物理・化学教育の導入

　また，教育の恒常的なツールである対話（dialogue）が，批判的論理的精神の獲得と表明を可能にすることが述べられている。対話において，現代社会の大きな問題，例えば健康，環境，地球資源の合理的な利用といった内容を扱うことにより，個人と集団の責任の合理的な自覚を促すことが求められている[41]。

　このような目標を踏まえ，コレージュの科学教育全体の方向性について，以下のように述べられている[42]。

　　それぞれのレベルに応じて，これらの知識（connaissances）は20世紀の終わりの人類に必要不可欠な組織化され構成された知（savoir）を構成するだろう。中等教育段階における科学教育は，スペシャリストを育成するためのものではない。コレージュにおける科学教育は，強制されることなく，実際の世界のいくつかの観点（aspects）を理解することを可能とする，実験的手法の漸次的な理解と，知識，態度，スキルの獲得を含むバランスのとれた教養を生徒に提供することを計画する。

　さらに，コレージュにおける教育の一環をなすことから，「実験科学」も他教科と同様に，進路選択に向けた生徒の好み，適性の判断，生徒と保護者に対して進路指導を行う際の情報提供の役割を負っていることが述べられている[43]。このように，「実験科学」の教育は，普通教育として，生徒各人の未来の選択に向けて，時代に適合した，バランスのとれた教養を提供するために企図されている。

　また，取扱い（instructions）における理化分野に関する記述では，コレージュの科学教育に固有な目標について，以下のように述べられている[44]。

　　－科学的方法（méthode scientifique）の初歩を獲得するよう支援する。
　　－身のまわりの情報源（新聞，ラジオ，テレビ，ポスター）に存在する，矛盾のある情報を評価することを可能にするとともに，自然や

45

技術に関する環境への科学的態度を発展させる。
 − 科学や技術に関わるスキル（savoir-faire）を獲得するよう支援する。
 − 自然現象を理解するためのいくつかの重要な概念を教える。

　ここに示された目標は，先のラガリーグ委員会の草案に示された4つの項目と一致しており，科学的態度についてさらに，身のまわりに存在する情報の評価についての視点が取り込まれている。
　このような目標を達成するために，生徒の学習状況の評価を取り入れながら，持続的で柔軟な学習活動を展開することで，不均一な能力を有する生徒の多様な発達に対応することが求められている。学習活動の展開にあたっては，生徒自身に実験させること，その過程で，生徒それぞれに十分な主体性と自発的好奇心を持たせ，質問に可能な限りこたえながら，創造性を促していくこと，が重要視されている。
　そして，方法の目標とスキルの目標として，具体的に以下のものが挙げられている[45]。

　○方法の目標：
　　− 現象もしくは物体の注意深い観察，それは解明を要する疑問を生み出す。
　　− 文書や情報の検索や活用の入門。
　　− できる限り毎回：変数の同定，影響を調べるための変数の分離（他の変数は常に一定）。
　　− 必要なものとそうでないものの区別を可能にする大きさの次数の評価（しばしば頭の中での計算）。
　　− 測定の漸次的利用とその結果の絶対的尊重。
　　− グループでの活動の習慣。
　　− 検証可能な仮説の明確な設定。
　　− 口述や記述によるコミュニケーションのための，結果の明確な表現（描写，グラフ化）。

－安全のきまりの理解とその厳格な適用。
　　－最終学年で，簡単な例として，複雑な現実の識別を除いて数学的論理を適用することができる，モデルや現実の簡略化されたイメージの理解。
　○スキルの目標：
　　－実験室での基礎的技能，もしくは技術的な基礎的技能の適用。
　　－分解，再構成，修繕，簡単な修理。
　　－器具の利用範囲やその結果に対する信頼性を認識したり，よりよい記録を利用したりする，観察，測定の器具の合理的利用。

　さらに，授業実施上の留意点として，普段生徒が慣れ親しんでいるものを用いて実験すること，学んだことが具体的に身のまわりでどのように用いられているかについて言及すること，宿題などを通して学校での学習を日常生活で活かせることを示すことの必要性について述べられている[46]。
　このように，理化分野の目標の記述から，生徒による活動をもとに，科学的方法やスキルを獲得し，科学的知識を習得するとともに，授業で得た知識を実生活に活かすことのできる科学的態度を育成することが目指されていることがわかる。これは，アビ改革における，教育内容・方法の改善の方向性である，生活に生きて働く学力を育成するための教育内容の実生活化や，活動主義的教育方法の重視が，「実験科学」の理化分野においても実現されているとみることができる。

3　「実験科学」理化分野の学習内容

　上述の目標の達成に向けて，「実験科学」理化分野では，表1-12に示す内容が取り扱われることとなった[47]。

表1-12 「実験科学」理化分野の学習内容概要

第6級	第5級	第4級	第3級
物質の物理的特性 　形と体積／質量／物理変化／温度／質量測定の技術 **電気回路** 　電球／電気回路と電流／直列と並列，短絡回路／電気回路の技術 **燃焼** 　実験／可燃性気体の利用	**物質の物理的特性** 　変形／体積あたりの質量／相対的な密度／熱伝導と熱による変形 **電磁気学** 　磁石と電磁石／モーターの初歩的理解／発電機 **化学反応** 　化学元素の知識／マッチ／固体や液体の燃焼の利用	**光** 　光源と感光／光の伝播／光による像／光の分析，宇宙物理 **電気** 　電流の強さ／二点間の電位差／発電機の交流／電気エネルギーの消費 **金属** 　日常の金属と合金／金属の構造／金属イオン	**力学** 　力学的作用と力／重さと質量／運動の伝達 **エネルギー** 　力学的な力と仕事／エネルギー変換の例 **化学** 　分子と化合物／固体に関する反応／一般的な物質の特徴／プラスチック素材

　教育プログラム改訂前の「テクノロジー」は，第4級と第3級のみに課されるものであり，その内容構成は，第4級で力学と技術物，第3級で力学，電磁気と燃焼となっていた。これらの学習では，日常生活にみられる技術製品に関する学習に基礎的な科学の内容が含まれており，化学に関する内容の取扱いは限られたものであった。それに比べると，「実験科学」理化分野において，物理分野では，物質の物理的性質，電磁気学，光学，力学とエネルギーについて，4年間を見通した内容構成となっている。また，化学分野では，身近な反応である燃焼から始まり，化学反応の理解，さらに身のまわりの多様な物質へと展開され，その取扱いの割合が大きくなっている。このように，「実験科学」の理化分野の指導内容は，物理，化学の領域から選択された基礎的知識をほぼ均等に配置したものとなっている。具体的に，物質に関わる学習内容は，表1-13に示すとおりである[48]。

表1-13 「実験科学」理化分野における物質に関わる学習内容

〈第6級〉
Ⅰ 物質の物理的特性
1. 形と体積……固体と液体／気体の性質
2. 質量……質量の単位／天秤の利用，簡単な計量
3. 物理変化……物質の混合，状態変化，分離／質量の保存
4. 温度……触覚による温度の概念，温度計の利用／温度と熱の区別
5. 質量測定装置のテクノロジー的学習……装置の特徴と使い方のまとめ

Ⅲ 燃焼
1. 実験による学習……化学実験室の設備／燃焼での生成物／タバコの煙／空気の供給／ガス漏れ
2. 可燃性気体の利用……実験室，家庭で使われるバーナー／設備や器具の実際的学習

〈第5級〉
Ⅰ 物質の物理的性質
1. 膨張……固体と液体の膨張／空気の膨張
2. 密度……固体や液体の密度の決定／空気の密度の大きさの決定
3. 相対密度……水と比較した液体や固体の密度の計算／浮力，浮く物体／比重計の利用／空気中の浮力
4. 熱の伝わり方と断熱の実験的実際的学習……熱の伝わり方や断熱の設備や器具についての個人またはグループでの探究結果の共有

Ⅲ 化学反応
1. 元素の概念……炭素と水素；／硫黄と鉄；酸素中の鉄と硫黄の燃焼，硫黄と鉄の燃焼，実験
2. マッチ
3. 可燃性の固体や液体の利用……家庭の暖房／燃料の保存，暖房器具の原理や働き，安全のきまりなど個人またはグループでの探究結果の共有

〈第4級〉
Ⅲ 金属
1. 日常生活における金属と合金……日常における金属や合金の利用，

腐食とそれを防ぐ方法について個人またはグループでの探究結果の共有
　　2. 金属の原子の構造……金属結晶／金属中を流れる電流の解釈／原子の構造と物質の電気的中性，導体と絶縁体の解釈，静電気の概念
　　3. 金属イオン……銅と銅イオン／電池／鉄と硫酸銅水溶液の反応／金属のイオンへの変化
〈第3級〉
Ⅲ　化学
　　1. 分子性物質……分子による気体の圧縮と膨張の質的解釈／分子の混合物としての空気／水分子，化学式，モデル／炭化水素
　　2. 固体に関する反応……炭素，硫黄，鉄の酸化，酸化銅の炭素による還元／酸化鉄のアルミニウムによる還元
　　3. 日常利用している物質の特徴的な反応……酸・塩基／イオンの検出
　　4. プラスチック素材……高分子の構造，安全のきまりなど，プラスチック素材についての個人またはグループでの探究結果の共有

　第6級と第5級では，物質の性質に関わる基礎的な内容が重点的に取り扱われている。そして，身近に見られる現象として燃焼を取り上げながら，化学反応へと導かれている。第4級では，金属に関わる内容が集中的に取り扱われており，その中で，原子の構造やイオンなどの微視的な見方が導入されている。第3級では，酸化・還元，酸・塩基，有機化学など，化学分野の様々なトピックが取り扱われている。このように，学習内容は，易から難へ，具体から抽象へ構成されているといえる。また，それぞれの単元で，個人やグループで探究的な学習を行うことが示されており，情報を収集したりまとめたりする，生徒の活動を取り入れた活動主義的教育方法をみてとることができる。

第3節　「実験科学」の教科書にみる学習指導の方法
―― Hachette 社『*Collection Libres Parcours* 理化』の事例 ――

1　『*Collection Libres Parcours* 理化』の性格

　1977年に Hachette 社から出版された『*Collection Libres Parcours* 理化』は，大学等の研究者，学校教員，教員養成関係者で構成された研究グループにより作成された教科書である。第1期課程（premier cycle；前期中等教育段階）における，理化への入門（initiation aux sciences physiques）を視点とした試行を通し，実行可能性と妥当性を検証した上で執筆されている[49]。この教科書の特徴は以下のようなものである。

　生徒用教科書は，教師向けの含みのある言葉ではなく，生徒が理解できる言葉を用いて生徒のために作られている。これは，生徒が実験において様々な観点を適用することができるよう，柔軟に使用されることを期待してのことである。また，課（leçons）のまとまりをなくすことで，生徒，教師ともにその枠組みにとらわれないよう工夫されている[50]。

　教師用書は，実践的な情報を最大限に盛り込むことで，教師にとって新しい教科への対応が容易なものとなるよう準備されている[51]。また，教師自身の自己教育のツールとして，また，教師及び教員養成関係者に対する科学の教授学（didactique des sciences）の普及を目的として作成されている[52]。学習内容の普遍性に対する慣れを取り除き，教育内容が固定化されたものとなるのを避け，教師の自由な教育方法を可能にするための情報を提供することが意図されている[53]。

　このように，『*Collection Libres Parcours* 理化』は，新たに始まる「実験科学」理化分野の授業を円滑に進めるために必要な教材を提示するとともに，コレージュにおける理化教育についての教師の理解を促進するための情報提供を行う役割を担っていたことが窺える。

2 「実験科学」理化分野実施のための準備
(1) 目標の分析

目標（objectifs）は，あるまとまりの教育の終わりに，方法やスキル，知識，態度など，教師が生徒に習得を期待するものを表している。具体的に，第6級では表1-14に示す内容が挙げられている[54]。

表1-14 「実験科学」理化分野第6級の目標

○科学的態度の目標
  ・好奇心：物や現象に対する驚きや疑問を持つ。
  ・グループ活動：仕事を分担する，他者の意見を尊重する，責任を持つ。
  ・客観性：制御可能なデータをよりどころとする（例えば，測定を用いる）。
  ・創造性：様々な推測を述べる，新しい解決法を想像する。
  ・有効性：終わりまで仕事を追究する，質を追究する。
  ・安全性への配慮：行動の結果の予知，安全を考慮した準備。
○方法の目標
  ・問題の認識：問題や疑問のある物体，状況，現象を認識する。
  ・観察：問題に関わる客観的な情報を探す。
  ・文献調査（documentation）：問題に応じて記述，口述などから情報を探す。
  ・工夫（invention）：問題を解決することのできる仕掛けを探す。
  ・仮説の設定：推論で用いることのできる，実験や観察（もしくは資料収集）により検討できる，仮定を表明する。
  ・変数の制御：変数を同定する，影響を検討するために分離する。
  ・測定：適切な道具や手続きを用い，特性や関係を明らかにするための質的データを追究する。
  ・次数の評価。
  ・結果の表現：結果の利用とコミュニケーションのため（表やグラフなど）。
  ・結果の解釈：関係を引き出す，現象を特定する。
○知識の目標
  ・物質の物理的性質……物理的な状態に応じた形と体積／物理的な状態

の変化：凝固，融解，気化，沸騰，蒸発／質量の概念／大気圧の概念／温度の概念：熱と温度の区別
・燃焼……燃焼における空気の役割／燃焼の概念／空気の組成／化学反応における反応物と生成物／完全燃焼と不完全燃焼－爆発性混合物
・電気回路……電気回路の概念／回路の構成物：電球，スイッチ，ヒューズ／導体と絶縁体の区別／回路における温度の影響／直列と並列の実験
○スキル（savoir-faire）の目標
①分解と組立て。
②簡単な操作と器具の取扱い：加熱／ガラス器具／電池，電球，スイッチ／混合物の分離／気体の捕集／蒸留／変換器と発電機の適合／電池と電球の組み合わせ。
③測定装置の利用：質量の測定／温度計／液体と固体の体積の測定。
④実施した実験や観察の正確な記述（単語，構文）（口述もしくは記述）。
⑤グラフ，デッサン，スケッチ，図による表現／図に基づく実験の実施。
⑥安全と保守のきまりの適用：爆発の危険性の回避／ショート回路，感電の回避／ヒューズの取替え。

　教育プログラムに示された目標が，第6級における学習に合わせて具体化されていることがわかる。目標を設定することで，合理的な年間計画を立てること，クラスの状況や学習テーマに対応して細かく活動を準備すること，生徒個人もしくは集団の獲得状況を分析する指標として用いること，などが可能になると述べられている[55]。

（2）年間指導計画の作成方法

　教師用指導書では，先行するモデルがない中で批判的に教師が自律的に学習の展開を考えるために，教育プログラムに示された項目に従う展開と，教育プログラムの項目を再構成したテーマによる展開が提案されている。それぞれの展開の特徴は，以下のようなものである[56]。

○教育プログラムに示された項目に従う展開

　　教育プログラムに示された項目に従って展開する場合，重要なことは，子どもの疑問や問題を明らかにすることである。様々な方法で取り扱うことのできる疑問や問題について配慮することなく，ただプログラムの見出しを列挙するだけでは十分ではない。子どもの興味や動機と無関係な，義務的で単調な学習になるおそれがある。

○教育プログラムの項目を再構成したテーマによる展開

　　教育プログラムやその内容の論理に関わらず，多様な期間で様々な概念に取り組むことができる。異なる観点から概念，スキル，方法を復習することができる。子どもの多様な動機に対応し，外の世界と関わりを持たせることができる。テーマの選択により，背景となる学問を反映することができる。クラス，年度が変わっても柔軟に対応することができる。

　　一方で，子どもにとって不自然なテーマになる可能性がある。1つのテーマの学習が長期にわたる場合がある。学習したことの総体に到達することを妨げることがある。

　これらの特徴を踏まえながら，年間の指導計画として，1時間の授業ごと（leçon par leçon）による展開，テーマごとによる展開が示されている。

　例えば第6級において，1時間の授業ごとによる展開では，学習内容を教育プログラムの項目に対応して，①物質の物理的特性と燃焼，及び②電気回路の2つに分け，全部で29の授業場面が設定されている。このうち，「燃焼」に関わる指導計画は，表1-15に示すとおりである[57]。

第1章 統一コレージュにおける一般普通教育としての物理・化学教育の導入

表1-15　1時間の授業ごとによる展開－第6級「燃焼」の指導計画

知識とスキルの目標	活動	方法と態度の目標
13　ろうそくの中の可燃物はろうである／可燃物の単語の認識	－ろうそくが燃える時に観察される変化 　生徒による探究 －何が燃えるのか？ 　調査の提示：使われる可燃物とその消費	態度：創造性 態度：安全性への配慮 方法：問題の認識 　　　仮説の設定 　　　工夫
14　加熱器具利用の知識	－燃焼の単語の理解に関するテスト －電気やガスの領収書の読み取り －ブンゼンバーナーやアルコールランプの紹介 －安全の概念	態度：安全への配慮 方法：観察
15　燃焼に空気が必要である／空気の組成	－空気の供給と排気 　実験：燃焼と空気の循環	態度：安全への配慮 方法：変数の制御
16　燃焼に酸素が必要である／空気の組成／炭酸ガスは燃焼を維持しない	－空気の分析：閉鎖系でのろうそくの燃焼 　実験：空気の体積と燃焼 －演示実験：二酸化炭素や酸素中での燃焼	態度：好奇心 方法：観察 　　　変数の制御
17　燃焼に酸素が必要である／空気の組成／炭酸ガスは燃焼を維持しない	－実験：閉鎖系でのろうそくの燃焼（実験操作に関するテスト）	方法：図で示された実験の実施 　　　観察
18　燃焼による生成物／完全燃焼と不完全燃焼／化学反応における始めと終わりの物質	－燃焼の生成物 　実験：二酸化炭素の検出 　実験：水の検出 －呼気と吸気 －ガス給湯器の調査：働き，故障，安全性	態度：安全性への配慮 方法：図で示された実験の実施

19　化学反応における始めと終わりの物質	－ガス漏れと爆発 教師による演示実験：気体の爆発	態度：安全性のセンス 方法：工夫
20　タバコの燃焼による生成物	－実験と記述によるテスト －タバコの煙に関する実験	態度：好奇心 方法：工夫 　　　観察

　この展開では，教育プログラムに示された第6級の「燃焼」の学習項目を網羅するものとなっている。1時間の授業ごとにその内容が完結するよう構成されるとともに，要所において生徒実験や演示実験が配置されている。
　一方，テーマごとによる学習では，①ろうそくの製作，②火と炎，③照明設備，④飲み物の4つのテーマを設定し，すべての内容を学習することで，第6級の目標が達成されるよう構想されている。このうち，教育プログラムの「燃焼」に関わる，「火と炎」の学習内容の展開と目標を，表1-16に示す[58]。

表1-16　テーマごとによる展開－第6級「火と炎」の指導計画

学習内容	学習内容の関わる目標
10　**火と炎** 　　文書資料により炎への関心や考えを持たせる	〈知識〉 ○物質の物理的性質 　・物理的な状態の変化－煙，気体，蒸気，もやの区別 　・質量の概念－変化の際の質量の保存 ○燃焼 　・燃焼における空気の役割 　・燃焼の概念 　・空気の組成 　・化学反応における反応物と生成物 　・完全燃焼と不完全燃焼
11　**燃焼による生成物の学習** 　　実験：石灰水と二酸化炭素の反応 　　実験：二酸化炭素の検出 　　実験：水蒸気の検出	
12　**不完全燃焼** 　　実験：炭素の検出 　　実験：閉鎖系でのろうそくの燃焼 　　実験：二酸化炭素はろうそくの燃焼を維持しない	

第1章　統一コレージュにおける一般普通教育としての物理・化学教育の導入

13　バーナーへの空気の供給 　　加熱器具の想起 　　実験：燃焼時の空気の流れの提示	・爆発性混合物 〈スキル〉 ○分解と組立て
14　空気の組成 　　実験：ろうそくの燃焼における空気 　　実験：窒素は燃焼を維持しない 　　実験：酸素中でのろうそくの燃焼	○簡単な操作と器具の取扱い 　・加熱 　・ガラス器具 　・気体の捕集
15　酸素による燃焼 　　実験：炭素の燃焼（及び二酸化炭素 　　　　　の生成） 　　実験：鉄の燃焼（必要に応じて） 　　実験：メタンと酸素の爆発	○測定装置の利用 ○実施した実験や観察の正確な記述 　（単語，構文）（口述もしくは記述） ○グラフ，デッサン，スケッチ，図に 　よる表現
16　ガス漏れと安全の指示 　　実験：ブタンと空気の爆発 　　実験：タバコの煙に関する実験	・観察の表現 　・図に基づく実験の実施 ○安全と保守のきまりの適用
17　設備もしくは器具の実際的学習	・爆発の危険性の回避
18　まとめ	

　教育プログラムに示された項目を，テーマのもとに再構成することで，学習内容のつながりが生み出されている。また，実験を通して学習内容を理解していくことが想定されている様子が窺える。学習内容に関わる目標は，各授業に割り当てるのではなく，「火と炎」をテーマとする授業全体を通して達成するものとして提示されており，生徒の学習の実態に応じた指導を可能にしていると考えられる。

　この他に，①水，②空気，③大気，④量の比較と測定，⑤食事の準備，⑥火災，⑦電気回路のように，より細かくテーマ設定を行い，学習を進める方法も提示されている[59]。

　このように，新設された「実験科学」理化分野の学習を展開するにあたり，『Collection Libres Parcours 理化』では，教員の裁量により選択可能な授業展開の事例が提案されている。どの展開においても，学習活動の中心に実験が据えられており，「実験科学」としての性格が明確にされていることが窺える。

(3) 評価問題の事例

　学習活動を展開するにあたり，適宜，試験（contrôle）が導入されている。試験の役割として，教師用指導書では，以下の4点が指摘されている[60]。

　　○教師のための診断
　　　・授業前……生徒の予備知識を知る，授業をどこから始めればよいかわかる。
　　　・授業後……生徒が授業で獲得したものを知る，必要に応じ教育を調整する。
　　○生徒（及び保護者）のための診断
　　　評価時のレベルを知る，獲得しているものとそうでないものを自覚する。
　　○教師が生徒に期待することを表明する手段
　　　記憶にたよる試験であれば，授業の目的が暗記することであることを，推論や知識の応用を求める試験であれば，授業の目的がスキルや知識，方法を理解し応用することであることを，生徒は感じるようになる。
　　○評定
　　　点数（一般的に20点満点）をつけ，生徒個人の結果を，平均値や他の生徒の得点と比較し，位置付ける。

　このような役割を持つ試験の実施にあたり，目標と関係付けることが必要とされている。先に述べたとおり，理化教育の目標として，科学的態度，方法，知識，スキルが挙げられているが，このうち，方法，知識，スキルについては，試験による評価が可能であるとされている。方法，知識，スキルの評価では，以下の5つの期待されるレベルが示されている[61]。

　　1. 記憶：学習したことを思い出すことができる，再現することがで

きる。
2. 理解：概念もしくは現象，方法もしくはスキルを理解できる。
   a) 新しい文脈で示された現象，概念などを識別することができる。
   b) 言葉や図表で示された内容を言い換えることができる。
   c) 要点を付随的な内容と分けることができる。
   d) 与えられた情報をもとに外挿すること，状況を修正しながら結果を予想することができる。
3. 応用：新しい状況に知識，方法，スキルを応用することができる。
4. 分析：与えられたデータを用いて，結果の厳密さを決定できる。
5. 対立した思考（pensée divergente）：与えられた情報以外から，仮説を検証する方法を見つけることができる。

　生徒の発達や学年に応じて，これら5つのレベルの適用を決定することが必要とされている。例えば，第6級の生徒では，記憶，理解と応用のレベルに重点が置かれているが，学年を追って，分析や対立した思考のレベルまで評価が展開されることが期待されている。
　このような考えに基づく評価問題として，第6級の「燃焼」に関する事例を表1-17に示す[62]。

表1-17　評価問題の事例－第6級「燃焼」（抜粋）

問題2（理解の実態を捉えるテスト）
　ろうそくに火をつける前に重さを測定すると，120gでした。火をつけて，灯心がなくなるまで燃やしたあと，残ったろうの重さを測定すると，45gでした。
　ろうそくに火をつけた時：①気体が燃える。／②ろうがとける。／③灯心だけが燃える。／④空気が燃える。／⑤ろうが燃える。／⑥燃える気体はろうに由来する。

問題3（実験室での実験に関するテスト）
　実験：冷たいナイフの刃をろうそくの炎の暗い部分（灯心の少し上）にかざしました。刃はろうでおおわれました。

問い：ろうそくとナイフの刃の間で，どのような状態のろうが見られるでしょうか。

問題5（応用のレベル）

　私たちが薪に火をつけるとき，木の下に紙をくべます。なぜ紙を折りたたんでくべるのではなく，1枚ずつしわくちゃにして入れるのでしょうか？

問題6（実験方法に関するテスト）

－導入：木片の燃焼についての会話

　　はじめに炎がでて，次に炎のない炭火になります。2つの場合の燃焼があるということなのでしょうか。どのようにしたらそれを確かめることができるのでしょうか。

－仮説の表明
－実験の構想（はじめから炎なしに木片をどのように燃やすか）
－実験の実施
－結果，仮説との照合

問題7（実験方法に関するテスト）

　2つの可燃物について，燃焼による生成物に炭素が含まれているでしょうか？実験によりあなたの答えを証明しなさい。化学でいつも使用している器具を使うことができます。調べて，報告書を作成しなさい。

〈可燃物の例〉：ろうそく，アルコールランプ，ベンゼン，松脂，木片，紙，都市ガス，メタアルデヒドなど

問題9（分析のレベル）

A：冬の初め，オリオンとデシベルの家族は，雪のために車に閉じ込められました。寒くないように，すべての窓をしっかり閉め，隙間をふさぎ，エンジンをとめました。数時間後に除雪車が来たとき，オリオンとデシベルの家族は具合が悪く，近くの病院に搬送されました。なぜ彼らは具合が悪くなったのでしょうか？何が起こったのか説明しなさい。

B：パリの混雑した大きな交差点では，警官は毎時交代します。それは，長くとどまると，具合が悪くなるからです。なぜそうなるのでしょうか？　①酸素が不足しているから／②車の排気ガスには，有毒気体が含まれているから。

C：オリオンとデシベルの家族の病気と，警官の病気は，同じ原因でしょうか？説明しなさい。
問題10（理解のレベル）
飛行機は大気圏を飛行します。ロケットは大気圏を出て，大気圏の外を旅します。飛行機もロケットも出発前にタンクを満たします。飛行機，ロケットのそれぞれのタンクに満たすものを選びなさい。
選択肢：灯油＋酸素，灯油，酸素のみ
問題11（安全のきまりの知識と理解）
天然ガスはにおいがありません。消費者に供給するために，においのする気体を混合しています。その理由を説明しなさい。

上述の事例から，目標で挙げられている方法，知識，スキルについて，様々なレベルの評価問題例が提供されていることがわかる。問題のテーマは，実験室で行われる実験から日常生活で見聞きする事象まで，多様な文脈となっており，授業で学習した内容を用いて考えることが求められているといえる。また，解答にあたっては，言葉で説明し表現することを求める問題が多く見られる。

3 生徒用教科書の構成

「実験科学」の導入にあたり出された通達において，「科学的精神の育成は，実験的な態度への入門により実現される」，「想像力の質，創造の精神は，特に実験の学習により培われる」，「具体的な状況において獲得された知や方法を用いることを可能にする，能動的な態度をとるよう訓練される」と述べられている[63]。このことを踏まえ，生徒用教科書には，以下のような機能が想定されている[64]。

○動機付けとなる機能
　　授業が活動的で自立的であるためには，まず，生徒の真の参加が必要である。そのために，生徒に，教師と対話させたり，考えを表明させたり，関心を持たせたりすることが必要不可欠である。教科

書の本質的な役割の1つは，例えば，具体的であり外界に向いたテーマを持つ多くの写真資料を提示しながら，生徒の好奇心とモチベーションを高めることである。

○実験的態度に基づく，能動的な機能

　教科書は，教師が選択できるように，すべてのレベルの生徒に用いることのできる実験活動について，多くのテーマを含まなければならない。実験的態度の獲得を容易にするために，生徒が自発性を持ち，ひとりでうまくできることが重要である。生徒により行われる実験が，黒板や教師により提示されたモデル実験をコピーしたものになることを避けなければならない。

　一方で，実験活動は，獲得した知識の再考や確認をすることのできる練習問題によって，補完されることができるようにしなければならない。

○総括する機能

　教科書は，実験結果をまとめなければならない。また，授業で教師が書き取らせなかったような補足の情報を提供しなければならない。しかしながら，実験の記述のすぐ横に，総括の文章を記述することは有益ではない。生徒に発見する喜びを与えなければならないし，理解したとしても教科書による義務的な結果に従うことを強制しないようにしなければならない。

これらの機能を果たすために，生徒用教科書は，教育プログラムの大項目ごとに，「資料（documents）」，「活動（activités）」，「百科事典（encyclopédie）」で構成されている。

「資料」は，生徒の動機付けとなる部分であり，生徒の興味・関心を刺激するため，学習テーマそのものや全体的な情報を提示するため，疑問を喚起するために構想されている。提示される資料は，外の世界に生徒の眼をひらくことができるようなもの，教師と生徒の会話のきっかけとなるようなものがふさわしいとされている[65]。つまり，「資料」は，生徒の学習

第1章　統一コレージュにおける一般普通教育としての物理・化学教育の導入

への動機付けを図り，学習活動の発端になる役割を果たしているといえる。

　生徒用教科書に提示されている資料は，以下のようなタイプに分類される[66]。

①機械や装置などの機能について考えることができる紹介文や図
②比較や応用に用いることのできる数値データや定性的データ
③比較したり応用したりするための指示や手順
④個人の経験と比較することを可能にするための，実施困難な，危険の伴う，もしくは異なる条件の実験
⑤実際の科学的な活動と比べて，生徒の活動を位置付けるための，成功，失敗，アイディアや装置などに関する歴史的な資料
⑥好奇心を満たすため，そして，科学を想起させる話と科学の話の違いを明らかにするための，普及に関する文章
⑦写真などをわかりやすく説明するためのイラスト

　これらの資料により，例えば，情報を抽出したり，データを分析したり，個人の経験と比較したり，実際に活動を行うような，多様な学習活動の展開に向けたサポートもなされている。

　「活動」では，生徒に実験のテーマや，知識，方法，スキルをもとに思考するためのテーマが挙げられている。第6・5級の教科書では，「できるかな？」，「なぜか説明しよう」，「どうなるかな？」，「注意！危険です！」，「注目！ミステリー！」，第4・3級では，「探究」，「操作」，「確認」と題して，いろいろな角度から学習内容に関わる問題が数多く投げかけられている。

　これらのテーマに取り組むにあたり，問題が理解できなかったり，どのように解けばよいかわからない場合は，あとのページに示される「百科事典」を調べたり，教師に説明を求めたりすることになる。

　「百科事典」では，学習テーマに関して，科学的な定義や法則，内容を理解するための実験の図やデータ，理解を深めるための応用的な問題など

を含む，知識の核となる内容が提供されている。そのため，生徒は，「活動」で提示された問題を解くための情報源として，「百科事典」を利用することができる。また，様々な観点から学習内容にアプローチするとともに，科学用語と内容について全体的な要点が示されているため，教師は，学習指導に役立てることができる。

例えば，第5級の「化学反応」の学習では，「百科事典」の中で，表1-18示すトピックが説明されている[67]。

表1-18　「百科事典」のトピック－第5級「化学反応」

化学反応における質量の保存……化学の大法則／法則の利用例／結論
化合物……化合物の定義／物質名と元素
単体……単体の定義／単体の例／単体と元素の言葉の使い分け
元素……硫黄の化学変化の事例／分析装置／元素の検出
炭素……自然界における炭素の循環／燃焼の想起／炭素の化学／炭素の検出
鉄……鉄／鉄を含む化合物／鉄の検出
水素……水素はどこにあるか／水素の気体／水素の検出
酸素……空気中の酸素／水の中の酸素／地中の酸素
硫黄……自然界の硫黄／産業における硫黄／硫黄の検出
化学種……物質の特性／認識票（carte d'identité）
化学反応……いくつかの実験／これまでの学習の想起／化学反応のきまり

教育プログラムに示された内容のうち，ここでは特に元素の概念と化学反応との関わりについて取り上げられている。元素に関する様々な情報が提供されており，教師は，指導にあたって必要となる内容を自由に選択しながら，学習活動を展開することができると考えられる。

このように，「資料」は学習へのモチベーションを高め，活動の資料を提供する。また，「百科事典」では学習内容が統合されており，情報源となる。これら2つを利用しながら，授業内外で「活動」に取り組むことで，スキルの獲得，実験的なアプローチ，知識の定着と確認が行われ，最終的に，教育プログラムの内容が達成されるように構成されている。

4　実験の取扱いと指導上の留意点

　第6級の教師用書では，授業を進める上で教師が活用することのできる様々な実験と，指導上の留意点が提示されている。例えば，「燃焼」では，「ろうそくは燃えると消費される」，「空気の分析」，「酸素中での燃焼」，「燃焼による生成物」，「空気の供給，燃焼した気体の排気」，「タバコの煙」に項目を分け，全部で31の実験が提案されている。このうち，「ろうそくは燃えると消費される」の事例を，表1-19に示す[68]。

表1-19　第6級「ろうそくは燃えると消費される」の事例

〈導入〉
- 私たちは「煙となって消えてしまう」と言うが，これは何を意味しているのだろうか？
- なぜ，じゃまになったごみ（古紙，木箱，干草など）を燃やすのだろうか？
- 燃料に油やガスを用いた暖房器具では，可燃物が供給されなければならない：タンクローリーで燃料を配達し，ガス管でガスを運び，空のタンクを満たさなければならない。この可燃物はどうなるのだろうか？

（注意）何人かの生徒は，彼らなりの考えから，ろうそくが消費されることに納得しない。

〈実験器具と実験操作〉
　準備：多様な形状のろうそく，受け皿，天秤と分銅，体積測定用目盛付き試験管
　実験1：天秤の片方にろうそくを置き，反対に分銅をのせて釣り合わせた状態で，ろうそくの火をつける。ろうそくが燃焼すると，質量が減少することを確かめる。火のついたろうそくの皿は，次第に上昇する。

（注意）天秤を保護するため，ろうそくの下に受け皿をひくこと。

〈教育的示唆〉
- 本書では，生徒がよく用いる「消えた」，「見えなくなった」，「なくなった」ではなく，動詞として「消費する」「供給する」を用いている。
- 発問：「燃焼するときにろうそくが少しずつ減ることをどのように説明できるのだろうか？」

予想される生徒の反応：すべてが燃やされた。／ろうそくの高さが減っている。／ろうそくの体積が減っている。
　　実験上の留意点：実験する際，注意すべき点を明確にする必要がある：体積の測定方法。
　　燃焼により，ろうそくの質量が減少することを，実験から見出させる。
　　生徒の思考を表現するため，生徒の提示した図を黒板にかき留める。
　　結論：ろうそくは燃えると，体積と質量が減少する。
・発問：「ろうそくの灯心の下にあるくぼみにある液体は何だろうか？」
　　生徒が状態変化を学習している場合は，正しい答え，液体のろうとなる。もしそうでなければ，融解の学習に向けて導入を行う。
　　説明：液体のろうは，燃焼のあいだ，液体の水が蒸発して気体になるようには蒸発しない。ろうは燃焼のあとにまったくなくなってしまう：このことを，ろうが消費されたという。
・発展：燃焼の際に可燃物が消費される例を見つける。／ガス料金の領収書の読み取り。
〈目標との関係〉
　－体積の見積もりと測定。
　－質量の測定。
　－可燃物は燃焼時に消費される（1つの側面からのみ：ろうそくの質量の減少）。

　上述の内容から，「ろうそくは燃えると消費される」ことを生徒に理解させるためにどのような手立てを取ればよいのか，生徒の思考の流れに沿って学習を展開するための筋道が，丁寧に説明されているといえる。つまり，新しい教科の「実験科学」理化分野ではどのような授業が望ましいのか，そのモデルが提案されていると考えられる。

第4節　まとめ

　第1章では，統一コレージュ成立を契機として，すべての生徒に教育の機会が提供されることとなった物理・化学教育に焦点を当て，一般普通教

育として，どのような物理・化学教育が志向されたのかについて検討した。

　フランスでは1970年代，科学の発展に対応する教育の必要性と，旧態依然とした中等科学教育の現状に対する危惧から，中等科学教育の抜本的な改革が必要であるとの機運が高まった。国民教育省は，「物理・化学・テクノロジー教育研究委員会」(通称，ラガリーグ委員会)を設置し，中等科学教育と教員養成についての検討を行った。同委員会により，前期中等物理・化学教育について，コレージュからリセまで中等教育全体を見通し，科学・技術への入門としての性格を持つ，教育プログラム草案が作成された。

　1975年の教育基本法に基づく教育改革において，前期中等教育を行う機関がコレージュに統一され，原則としてすべての生徒に共通した教育が行われることとなった。これにより新たに実施されることとなったカリキュラムでは，科学に関わる教科として，「実験科学」が設置された。「実験科学」は，普通教育として，生徒の将来の選択に向けて時代に適う幅広く調和のとれた教養を提供するよう企図され，その内容は，物理と化学からなる理化分野と，生物と地質からなる博物分野で構成された。理化分野の教育プログラムは，ラガリーグ委員会の草案をもとに作成されており，これにより初めて，前期中等教育段階のすべての生徒に対して共通して，物理・化学教育が提供されることとなった。

　「実験科学」理化分野では，生徒による活動をもとに，科学的方法やスキルを獲得し，科学的知識を習得するとともに，授業で得た知識を実生活に活かすことのできる科学的態度を育成することが目標とされている。そして，後期中等教育をはじめとする，より高度な物理・化学教育への参入を視野に入れた，準備教育としての役割に重点がおかれている。学習内容は，普通教育として，将来の進路選択に向けて，時代に適合した，バランスのとれた教養が求められていることから，物理，化学の学術的体系をもとに，広い分野から学習内容が選択されている。その構成は，学年を追って，易から難へ，具体から抽象へ展開されている。

　「実験科学」理化分野の導入にあたり，指導方法の検討が行われた。そ

の結果をもとに，例えば，Hachette社の教師用指導書では，教師の教育方法の自由を尊重するため，1時間の授業ごとによる展開や，テーマによる展開など，複数の学習展開が提案されている。学習活動は，生徒に科学的知識，スキル，方法，態度を習得させることを目指し，実験を学習の中心に据えた，生徒の活動に基づく内容で構成されている。

このように，1970年代の前期中等物理・化学教育は，統一コレージュの成立に見られる教育改革のもと，「実験科学」の新設により，すべての生徒に対する教育機会の提供が実現したことから，現代の前期中等物理・化学教育改革の起点として位置付けることができる。

第1章　注及び文献

1) N. Hulin-Jung, *L'organisation de l'enseignement des sciences*, édition du C. T. H. S., 1989, pp.297-304., 梅根悟監修，世界教育史研究会編，『世界教育史大系10 フランス教育史Ⅱ』，講談社，1975，pp.152-157.
2) 阿部重孝，『欧米学校教育発達史』，目黒書店，1950，pp.253-255.
3) 同上，pp.258-263.
4) 佐藤和韓鵄，『欧米比較 最近の理科教育思潮』，寶文館，1940，p.492.
5) 同上，pp.502-505.
6) 同上，pp.485-491.
7) 同上，pp.492-495.
8) *Le rapport Langevin-Wallon*, Mille et un nuits, 2004, pp.15-27. 手塚武彦，「第4章 教育の制度化の歴史的発展」，原田種雄他編，『現代フランスの教育 現状と改革動向』，早稲田大学出版部，1988，pp.68-70. ランジュヴァン・ワロン改革案の邦訳として，文部省調査局，『フランスにおける教育改革案－ランジュヴァン委員会の答申－』，1953，pp.1-80., 原田種雄，『フランスにおける教育改革の動向と問題』，国立国会図書館調査立法考査局，1960，pp.48-94. がある。
9) 原田種雄，『フランスにおける教育改革の動向と問題』，国立国会図書館調査立法考査局，1960，pp.25-47.
10) 桑原敏明，「第5章 現代教育改革の進展－ランジュヴァン・ワロン改革案からアビ改革へ－」，フランス教育学会編，『フランス教育の伝統と革新』，大学教育出版，2009，pp.65-66.
11) 原田種雄他編，『現代フランスの教育 現状と改革動向』，早稲田大学出版部，1988，p.69，p.73.

12) 戸北凱惟，「第3章 フランス」，学校理科研究会，『世界の理科教育』，みずうみ書房，1982，p.189.
13) *Horaires et programmes de l'enseignement du second degré (24 édition)*, Vuibert, 1962, pp.162-167.
14) 上掲書12), pp.189-190.
15) *Horaires et programmes de l'enseignement du second degré (29 édition)*, Vuibert, 1967, pp.264-265.
16) 同上, pp.271-275.
17) "Instructions relatives à l'enseignement de la Biologie en 6ᵉ I et 6ᵉ II pour l'année scolaire 1968-1969", *B.O.*, n°1, 1968, p.34.
18) 堀内達夫，「テクノロジー教育の動向-中等普通教育の側面-」，フランス情報化社会研究会，『フランスにおける情報化社会への教育的対応』，平成2年度科学研究費補助金総合(A)研究成果報告書（代表者：山田達雄，課題番号：01301037），1991，pp.55-56., "Loi n°71-577 du 16 juillet 1971 d'orientation sur l'enseignement technologique", *B.O.*, n°31, 1971, pp.1987-1990.
19) "Arrête du 19 mars 1970, Programmes de technologie de la classe de quatrième", *B.O.*, n°14, 1970, pp.1170-1172., "Arrête du 27 juillet 1970, Programmes de technologie de la classe de 3ᵉ", *B.O.*, n°31, 1970, pp.2292-2294.
20) A. Payan dir, *Technologie, Mécanique - Electricité - Chimie,* Armand Colin, 1971, pp.169-224.
21) M. Gracia, "Une enquête sur la technologie", *BUP*, n°560, 1973, pp.369-371.
22) SFP et al., "Rapport de la commission « Enseignement » de la Société Française de Physique", *BUP*, n°597, 1977, pp.90-91.
23) "Texte émanant de l'Académie des Sciences", *BUP*, n°597, 1977, pp.97-99.
24) "Mission de la commission d'études pour l'enseignement des sciences physiques dans le second degré", *BUP*, n°597, 1977, pp.7-8.
25) M. Hulin, "Remarques préliminaires relatives à l'enseignement dit de « Technologie »", *BUP*, n°597, 1977, p.27.
26) 同上, pp.27-38.
27) A. Lagarrigue, "Note du Président de la Commission de Rénovation de l'Enseignement des Sciences physiques et de la Technologie relative aux Principes Directeurs de la Réforme de l'Enseignement du Second Degré et au Projet de Grille du Second Cycle", *BUP*, n°597, 1977, pp.62-63.
28) 同上, pp.61-68.
29) Commission Lagarrigue, "Avant-Projet de contenus pour l'enseignement des sciences physiques en classes de sixième et de cinquième", *BUP*, n°581, 1976,

30) 同上．
31) 同上，pp.656-567.
32) M. Barboux et al, *Collection libres parcours, Sciences physiques 6e collèges, Livre du professeur*, Classique Hachette, 1977, pp.9-10.
33) 上掲書29），p.659.
34) "Loi n°75-620 du 11 juillet 1975 - Loi relative à l'éducation", *B.O.*, n°29, 1975, pp.2281-2282.
35) 桑原敏明,「フランス いきいきとした学校をめざして-アビ教育改革」,『季刊教育法』，第54号，1984，p.33., この他にアビ改革について取り扱った桑原の論文として，以下のものがある。桑原敏明,「現代フランスにおける学校教育制度改革の論理(1) -アビ文相の提案文書の分析」,『筑波大学教育学系論集』，第8巻2号，1984，pp.3-19., 桑原敏明,「フランスの教育制度改革の動向」,『理想』，No.611，1984，pp.210-224.
36) 上掲書34），pp.2282-2283.
37) 上掲書35），p.35
38) "Arrêté du 14 mars 1977 - Horaires et effectifs des classes de sixième des collèges", *B.O.*, n°11, 24-3-1977, p.757., "Arrêté du 26 janvier 1978 - Horaires et effectifs des classes de cinquième des collèges", *B.O.*, n°6, 9-2-1978, pp.477-478., "Arrêté du 22 décembre 1978 - Horaires et effectifs des classes de quatrième et troisième des collèges", *B.O.*, n°3, 18-1-1979, pp.146-147.
39) "Circulaire n°77-164 du 29 avril 1977 - Enseignement des Sciences expérimentales dans les collèges, *B.O.*, n°22 ter, 9-6-1977, pp.1692-1693.
40) 同上．
41) 同上．
42) 同上，p.1683.
43) 同上．
44) 同上．
45) 同上，pp.1693-1694.
46) 同上．
47) "Programme de Sciences expérimentales des classes de sixième et de cinquième des collèges", *B.O.*, n°11, 24-3-1977, pp.783-789., "Sciences expérimentales – Programme et instructions pour la classe de 4e et de 3e", *B.O.*, spécial n°4 bis, 11-1-1979, pp.454-461.
48) 同上．
49) 上掲書32），p.3.

50) 同上．
51) 同上．
52) A. Chomat et al., "Chapitre IX Des outils pour les élèves et les professeurs", M. Goffard et al. dir, *Enseigner et apprendre les sciences – Recherches et pratiques*, Armand Colin, 2005, pp.241-242.
53) 上掲書52)，p.249.
54) 上掲書32)，pp.19-22.
55) 同上，pp.18-19.
56) 同上，p.45.
57) 同上，pp.46-50.
58) 同上，p.54, pp.58-61.
59) 同上，pp.62-65.
60) 同上，pp.22-23.
61) 同上，p.24.
62) 同上，pp.35-37.
63) 上掲書39)，pp.1692-1693.
64) Ph. Averland et al, *Collection libres parcours, Sciences physiques 4e collèges, Livre du professeur*, Classique Hachette, 1979, p.26.
65) 上掲書52)，p.244.
66) 同上，pp.245-246.
67) M. Barboux et al, *Collection libres parcours, Sciences physiques 5e collèges*, Classique Hachette, 1978, pp.72-86.
68) 上掲書32)，pp.107-108.

第2章　多様化した生徒に対応する物理・化学教育の模索

本章では，1980年代を前期中等物理・化学教育の模索期と位置付け，統一コレージュの設置により顕在化した生徒の学力の多様化と，科学・技術の進展する社会からの要請に対して，どのような対応が行われたのかについて検討を行う。

第1節　生徒の学力の多様化に対応する方策の検討

1　コレージュ改革に向けた提案―ルグラン委員会報告
『民主的なコレージュのために（*Pour un collège démocratique*）』

アビ改革によって統一コレージュが創設されたことで，それまでの複線型の学校体系を廃し，すべての生徒をコレージュに受け入れて教育を行うことが可能となった。しかし，前期中等教育段階のコレージュへの統一は，十分な対策を講ずることなく実施されたため，学校現場に混乱をもたらすこととなった。多様な能力の生徒を，同一のクラス，共通の内容で教育することで，結果として学業不振の生徒を増やすこととなり，このことは学業失敗（échec scolaire）として社会問題化するに至った。コレージュのこのような実情は，生徒に等しく前期中等教育を保障するという，アビ改革の理念に反するものであり，現状を打開するための手立てが必要とされた。これに対して，サヴァリ（Alain Savary）国民教育相は，主としてZEP（zone d'éducation prioritaire：教育優先地区）の創設とコレージュ改革により，問題解決に向けて取り組みを行った[1]。

コレージュ改革について，サヴァリ大臣は，1981年11月にルグラン（Louis Legrand）を長とする委員会（以下，ルグラン委員会と記述）に対し

て諮問を行った。ルグラン委員会は，コレージュにおける教育の現状分析をもとに，改革に向けた具体的な提言を行った。職員や生徒の保護者の団体，国民教育省の代表，研究者等により構成され委員会における審議の結果は，1982年12月に，『民主的なコレージュのために（*Pour un collège démocratique*）』と題する報告書にまとめられた。同報告書の中で，アビ改革以降のコレージュの現状について，以下のように分析されている[2]。

- コレージュ段階の教育の統一は，選抜の手続きの制度的存続，職業教育への組み込みを早期に求める大人の欲求に直面している。第5級の終わりに選抜が残っており，そこで約25％の生徒がコレージュを去る。その生徒の半分が，CPPN（classe préprofessionnelle de niveau：職業前教育学級）のような出口のないところに至る。このような消極的な進路指導は，社会的に恵まれない階層を排除するも同然の方法になっている。
- コレージュの就学者は，非常に大きな多様性を示している。第6級に進級する生徒の間には，認知的能力（読む，綴る，計算する，思考するなど）だけでなく，学校に対する態度，活動，思考様式，異なる環境に起因する文化において，大きな差異が存在している。
- 生徒の異質的学級編成（hétérogénéité des divisions）は，特に数学やフランス語，外国語といった教科の教師にとって，支持し難いものとなっている。
- 学級定員24名の基準は，実験室やアトリエでの活動において新たな重大な問題を生み出している。実習のためにクラスを2つに分けるシステムは理想的であるが，関係教科の教員に，かえって多くの負担を強いている。
- 芸術表現活動や手工・技術教育の時間は，教育の均衡の役割の見せかけとなっている。
- 教科の並置は，組織の柔軟性を妨げ，教師と生徒の関係を孤立させている。学校は，授業を並置させており，教育の集合の場を作って

いない。
- 国の教育プログラムの支配は，教えられる必要性を見出すことと，様々な活動の選択に必要とされる自律の学習を不可能にしている。
- コレージュの保護者や社会との断絶は，授業，教科を孤立させ，さらにそれを強化している。この孤立は，生徒の真の進路指導を妨げるものである。
- 教員の身分，報酬，責務の異質性は，学校の機能を阻害する要因となっている。

統一コレージュが実現されていないこと，コレージュの生徒には多様性があり，そのような生徒への指導に教師は困難さを感じていること，また既存の教科の指導では教科間，教師と生徒のつながりを生み出せていないこと，などが挙げられている。

このような現状分析をもとに，コレージュ改革の目的として，①早期の選抜に基づく内部での差別を撤廃すること，②「学業失敗」への取り組みを行うこと，③学習者に自律，責任，自由の行使の能力を発達させること，④国民の教養や職業資格水準を高める新たな社会の要請に応えること，の4つが挙げられている[3]。

報告書は，第1部：コレージュの機能改善のための一般原理，第2部：提案の基礎となる理論と省察，第3部：具体的提案，第4部：各県委員会の見解のまとめ，で構成されている。このうち，第3部で，コレージュ改革のための具体的な提案として，表2-1に示す15の項目が示されている。

この中で，少なからぬ生徒が陥っている学業失敗を改善すべく，学力や学習態度，家庭環境等を異にする生徒の要求に応えうるよう，学級編成や教育課程を多様なものにする必要性が説かれている。

表2-1　コレージュ改革のための具体的な提案

> 第6級への入学／第6級と第5級の組織化／第4級と第3級の組織化／コレージュの全般的組織化／活動の配当時間と均衡の回復／評価と進路指導／チューター制度／教育グループ／教育的計画／各種委員会，その権限と構成／コレージュにおける教師の職務と役務／明日のコレージュのための教師とは何か／視学の性格と職務／教育課程と教授／いかに改革に取り組むか

　学級編成については，学力別学級編成や少人数での学習が必要となる教科の学級編成を容易にするために，学習集団（ensemble）や学習班（division）を置くことが提案されている。学習集団は，通常78人の生徒により構成され，さらにこれを分割して26人ごとの学習班に分ける。実験や実習を伴う教科においては，学習班の構成数を増やすことで，通常の学習班よりも少ない生徒数で授業が行えるよう配慮される[4]。

　カリキュラムの編成について，これまでの問題点として，知的抽象的な活動に重点が置かれすぎていること，科学や手工・技術教育では1学級あたりの生徒数が多く，実験や実習に真に取り組むことを不可能にしていることを挙げている。このような事態を改善するために，短期的な方法として，実験や実習を伴う教科について前述のとおり学習班の生徒数を減らすことが挙げられている。また，長期的な方法として，学習者の要求や進展する技術社会への参入を可能とするため，総合技術教育（enseignement polytechnique）を創設して授業時間数を増やすことや，学際的な学習活動（activité interdisciplinaire）を導入することが提案されている。学際的な学習活動の例として，例えば科学の学習へのフランス語や数学の応用が挙げられている[5]。

　この報告書による提言をもとに，1983年度からコレージュ改革が実施されていった[6]。

2 学校教育の問題点と未来のあるべき学術・教育・教養に対する考え方の提示－コレージュ・ド・フランス教授団『未来の教育のための提言（*Propositions pour l'enseignement de l'avenir*）』

1984年2月，ミッテラン（François Mitterrand）大統領は，コレージュ・ド・フランスに対して，未来の教育を築く基本的原理，普遍的な人文的・芸術的教養と最新の科学的知識・方法を統合する原理を提示するよう要請した。コレージュ・ド・フランス教授団は，これに応えて，ブルデュー（Pierre Bourdieu）を中心とするワーキング・グループをつくり，1985年2月に『未来の教育のための提言（*Propositions pour l'enseignement de l'avenir*）』（以下『提言』と略記）をまとめた。『提言』では，現実の学校教育の問題点の分析と，未来のあるべき学術・教育・教養についての考え方の原則的な視点が，9つの原則にまとめられている[7]。

表2-2 『提言』における未来のあるべき学術・教育・教養についての考え方

1. 科学の統一性と文化の多様性
    ……科学的思考に内在する普遍主義と人文諸科学が教示する相対主義の両立を。
2. 優秀さ（excellence）の形態の多様化
    ……知性（intelligence）の一元論的な見方の克服に努め，文化的優秀さの形態の多様化を。
3. 機会の複数化
    ……学校の成績判定による烙印付けと選別機能を排し，選び直し可能な学校を。
4. 多元性の中での，多元性による統一
    ……競争原理を問い直し，自由主義（libéralisme）と国家管理主義（étatisme）の調和を。
5. 教えられる知識（savoirs enseignés）の定期的再検討
    ……教育内容の惰性化と，無条件・無批判な現代主義（modernisme）を排し，教えられる知識の現代化を。
6. 伝達される知識（savoirs transmis）の統合
    ……断片的な知識ではなく，統合された教養の精緻化と普及を。

> 7. 中断することのない，また，交互に行われる教育
>   ……労働と学びの繰り返しを一般的にし，生涯学習に真の意味を。
> 8. 現代的情報伝達技術の使用
>   ……テレビ・ビデオ等の現代的機器の利用による教育内容及び教育方法の革新を。
> 9. 自治の中での，自治による開放
>   ……外部の人間，組織との連携による，真の市民教育の場としての学校，教員団体の自治の強化を。

　このうち，第1の提言では，学校の主たる目的の1つとして，自然の科学と人間の科学とが教える，批判的態度を身に付けさせることが挙げられている。そして，教養の役割と科学に対する態度について，以下のように述べられている[8]。

> 　教養に与えられた機能のうち，最も重要なものの1つは，おそらくあらゆる形態のイデオロギー的，政治的あるいは宗教的圧力に対する防衛術としての役割である。この自由な思考の道具は，戦いの場での武術のように，今日の市民がさらされている，宣伝広告やプロパガンダ，政治的，宗教的狂信といった，象徴権力の濫用から身を護ることを可能にする。
> 　こうした教育の方向付けは，科学を合理的な活動の模範として盲信することなく尊重する態度と，同時に，科学の活動とその産物の利用に対する用心深さを発達させることを目指すであろう。現実的なものであれ理想的なものであれ，科学に関する道徳の基礎を築く必要はないが，科学自身ないし社会的使用の認識から生じる，科学とその利用に対する批判的な態度をもたらすことができればよい。

　つまり，教養を持つことが社会に生きていく上での護身の役割を果たすこと，科学とその使用に対して批判的な態度を持つ必要性が示されている。

第4の原則では，無統制な競争（concurrence）の弊害により学校教育上の不利な条件に置かれている個人及び教育機関を保護しながら，開かれた真の競争（émulation）への転換を可能にする条件を作り出すために，以下のことが提言されている[9]。

　　国は，文化的，言語的，宗教的独自性を尊重しつつ，円滑な職業活動の遂行や，人権と市民権の見識ある行使に不可欠な最低限のコミュニケーションの維持の条件である，最低限の共通教養(minimum culturel commun)を，すべての人に保証すべきである。それゆえに，基礎教育機関全体（現行の保育学校から第3級まで）の教育の質に留意することは，公権力の義務である。
　　（中略）
　　国の教育プログラムは，最低限の共通教養，すなわち，すべての市民が所有すべき，基本的で必須の知識(savoir)及びスキル(savoir-faire)の中核を定義しなければならない。基礎教育は，完成，最終の教育としてではなく，生涯学習の出発点として捉えられなければならない。したがって，それは，すべてのその他の知識を獲得する条件となる基本的な知識と，知識の獲得に向けた態度(知的適応力，開かれた精神など)に重点を置かなければならない。それはまた，比(proportion)の考え方や実験的論証の習得のように，最も一般的で，最も広く転移可能な，思考の様式と方法に重点を置かなければならない。すべての生徒が，共通言語，書き言葉と話し言葉を，特に公的な場面で使いこなせるよう，あらゆる努力がされなければならない。

以上のように，国に対して，職業活動の遂行やコミュニケーションの維持に必要となる，最低限の共通教養を明確にし，その習得を人々に保障すべきことを求めている。
　そして，第5の原則において，教育内容が定期的な再検討に付されることにより，カリキュラムから時代遅れになった様々な要求を取り除き，可

能な限り速やかに，検討の上で新しい成果を導入することにより，教えられる知識の現代化が目指されなければならないことが指摘されている[10]。

また，第6の原則において，学校は知識の総体を提供すべきであり，断片化された知識の習得に陥らないようにするために，中等教育の全課程を通じて，科学的教養と歴史的教養を統合した教養の内容を作り上げ，普及すべきことが述べられている。特に，科学とその歴史の取扱いについては，以下のように述べられている[11]。

> 教養と教育を統一する原理の1つは，文化的，科学的成果の総体（例えば，ルネッサンスの絵画の歴史，数学的見地の発展など）を，論理的かつ歴史的な方法で結びつける，文化的所産（科学，哲学，法律，芸術，文学など）の社会史であろう。科学と科学の歴史を，実際にはそれらを排除してきた教養内容の中に再統合することで，歴史的展開のよりよい科学的な理解と，科学自体のよりよい理解をもたらすであろう。実際，科学自身を完全に理解するために，その歴史の合理的な認識が必要であり，科学がその初期の不確実さや困難さの中で捉えられるとき，その手続きや原理についてよりより真の姿がもたらされる。科学の歴史的な見方を教えることは，科学及び科学の教育について教条主義的ではない表象をもたらし，また，あらゆるレベルの教師に，解法と同時に問題を重視し，それぞれのケースに競合する研究計画があったことを想起させる効果をもたらす。

科学そのものについてよりよく理解するために，歴史的視点を取り込んで学習していくことの必要性とその効果について述べられている。科学教育における科学史の教育的価値については，例えば，ランジュヴァン（Paul Langevin）も述べているところである[12]。

3 1985年度の初等・中等学校の教育施策に関する国民教育大臣通達

1984年7月に成立したファビウス（Laurent Fabius）内閣では，「現代化

（moderniser）」と「国民の結集（ressembler）」が政策原理の基軸とされた。国民教育相に就任したシュヴェーヌマン（Jean-Pierre Chevènement）は，これに呼応し，戦後教育批判を掲げて意欲的に教育政策を打ち出した。その具体的な政策は，合科授業の廃止，公民・歴史教育の強化，コンピュータ入門の上級学年必修化を含む，小学校教育課程の全面改訂や，コレージュにおけるテクノロジー教育のてこ入れなどである。そして，前職の研究・産業担当相としての発想を基盤として，特に理工系を中心として，青少年の学力水準の全般的な向上を図る政策努力を行った。このような教育政策は，「優先執行事業」の第2位に教育関係事業を位置付けた，1984～1988年の5年間にわたる「第9次国家計画（Ⅸ e plan）」の枠内で推進されていった[13]。

1985年1月，シュヴェーヌマン国民教育相は1985年度に向けた準備に関する通達を出した。この通達は，前文，質の高い教員の養成，教育目標及び教育プログラムの明確化，学校の増大する責任，社会的不平等是正のための施策，テクノロジー教育の推進，あとがきで構成されている。前文では，学校の役割について，以下のように述べられている[14]。

　　学校の質は，その民主的な機能と不可分である。共和国の学校は，すべての若者に高い質の教育を与えることを求めている。学校は，すべての者の向上を保障しながら，よりよい者へと育成する（former les meilleurs）ことを使命としている。そのために，就学前教育を発展させること，すべての子どもに基本となる学習の獲得を可能にし，一人ひとりに確固たる普通教育を提供することが必要である。これは，その後の教育の土台となるものである。そして，希望するすべての人々に例外なく，高等教育と確固とした職業教育（formation professionnelle）への接続の可能性を提供しなければならない。

このように，学校は，後に続く高等教育や職業教育に接続するための土台となるべく，すべての子どもに，基礎・基本を習得するための普通教育

を提供する場であることが示されている。

また，教育目標及び教育プログラムの明確化について，小学校からリセまでの教育プログラムを，口述及び記述による表現力の習得と，科学的技術的教養の発展の，2つの優先目標に応えるものに改善することが述べられている。そして，質の高い専門家の養成を目指すとはいえ，人間形成と市民性の育成とを同時に行うことが正しいという理念を見失うことがあってはならないことが指摘されている。

科学的技術的教養の発展に資する教育プログラムへの改善が指摘される背景には，質の高い労働者，上級技術者，技師，研究者及びあらゆる分野の専門家の不足がある。フランス社会の停滞の打開と技術立国化に向けた基礎作りとして，人材育成のために，上級学校への進学者増加，特に理工系分野の学生の増加が求められていたのである。

4　教育内容刷新の方向性－通達「コレージュの教科別教育内容方法の刷新（Rénovation des collèges）」

1985年10月，通達「コレージュの教科別教育内容方法の刷新（Rénovation des collèges）」が発表された。その中で，コレージュ改革の目的は，すべての生徒に必要な普通教育を与えること，リセの教育についていくことのできる生徒を増やすことであり，これを達成するために教育内容の刷新を図る必要があることが述べられている[15]。

この通達の付属文書は，国民教育大臣から視学官への書簡の抜粋となっており，教育内容の刷新により，それぞれの教科が本質的なものなるよう，また，コレージュ第3級の後に生徒に必要不可欠とされる内容を同定するよう，申し合わせている。そして，コレージュにおいて教えられる教科は，教科固有の目標に加えて，以下の3つの一般的な目標に到達するようにしなければならないことが述べられている[16]。

1. 論理的思考を伸ばす。
2. 書くこと，話すこと，イメージすることの3つの方法を習得する。

3. 個人による学習（travail personnel）の習慣を持つ。

　この通達において，科学に関わる教科は，従来の「実験科学」から「生物・地質的科学技術（sciences et technique biologiques et géologiques）」と「理化（sciences physiques）」に分割されることが示された。このうち「理化」の刷新の方向性について，以下の提案がなされている[17]。

- コレージュとリセの学習内容の再配分を視野に入れ，学習内容の選択，抽象的概念の回避，知識の量の制限を行う。
- 困難さの解消と本質的な概念に戻すため，学習内容の削減と簡素化を行う。
- 物理分野では，質量，体積，温度と物質の状態変化，電気の基本原理，磁界と光学について学習する。
- 化学分野では，物質と反応，微視的モデル，物質と電気の関係についての初歩を身に付け，経済や社会の中での化学の位置付けについて知る。
- 実験，記述，科学の用語を用いるとともに，数学の形式化を漸次導入する。

　先の国民教育大臣通達に関わる事務文書において，コレージュの目的は，一般教育もしくは職業教育の選択と継続に必要な知識を獲得させることを可能にすることであると述べられている。そして，これを実現するための方策の1つとして，教育内容の再検討を通して，義務教育の学習の終わりに，すべての生徒が習得し動員する（mobiliser）ことができる知識を明確にすることが示されている[18]。そのため，「理化」においても，義務教育段階の終わりにすべての生徒に習得させるべき内容としてどのようなものが必要であるのか，リセの学習内容との整合性や数学教育との関連性を視野に入れながら，検討されていることが窺える。

第2節　教育プログラムにおける学習内容の刷新

1　コレージュにおける教育目標

　1983年度から，サヴァリ国民教育大臣のもと，全国の希望するコレージュにおいて「ルグラン改革」と呼ばれる先導的施行が進められた。1984年7月に就任したシュヴェーヌマン国民教育大臣は，これを手直しし，主要教科の授業時間数変更や，教科「手工・技術」の「テクノロジー」への名称変更等を経て，1985年10月25日付通達により新教育課程への移行準備を完成した。そして，1986年度の第1学年から，学年進行で新しい教育プログラムが実施されることとなった。完成年度となる1989年度の各教科の授業時間数の配当は，表2-3に示すとおりである[19]。

　教育プログラムについて，シュヴェーヌマン国民教育相は，以下のように述べている[20]。

　　　この教育プログラムは，すべての生徒に共通する教育の要素を定義する。教育プログラムは，それぞれの教科において見つけることができる，一般的な目標に応じて構想されており，整合性のある知（savoir cohérent）を練り上げることを可能にするものである。それは，小学校において獲得された基礎となる知識の上に立ち，より多くの生徒をリセへと到達させることをねらいとしている。

　教育プログラムが，すべての生徒に共通する教育の要素を定義し，生徒の整合性のある知の練り上げに資するものであることを指摘している。また，コレージュの教育プログラムが，小学校からリセまでの教育の連続性の中に位置付くものとして捉えられている。

表2-3　1989年度各教科の授業時間数

教科名＼学年	第6級	第5級	第4級	第3級
フランス語	4.5	4.5	4.5	4.5
数学	3	3	4	4
第1外国語	3	3	3	3
歴史，地理，経済	2.5	2.5	2.5	2.5
公民教育	1	1	1	1
理化	1.5	1.5	1.5	1.5
生物・地質的科学技術	1.5	1.5	1.5	1.5
テクノロジー	2	2	1.5	1.5
芸術教育	2	2	2	2
体育・スポーツ	3	3	3	3
学校裁量による教科の補強	3	3	0	0
選択科目　第2外国語	−	−	3	3
選択科目　第1外国語の補強	−	−	2	2
選択科目　ラテン語	−	−	3	3
選択科目　ギリシヤ語	−	−	3	3
選択科目　工業または商業テクノロジー	−	−	3	3
合計	27	27	26.5～27.5	26.5～27.5

一方，コレージュの役割について，教育プログラムの「方針と目標（orientation et objectifs）」では，以下のように述べられている[21]。

　学校は知識と方法を獲得させなければならない。学校は，教育された人間，つまり，言葉（mots）と諸物（choses）と人々（gens）を理解するための判断力を行使することができる人間を育成する。そのために，小学校との連続性の中で，コレージュの教育プログラムは，生徒に次のことを可能にしなければならない。学業に成功すること，リセの教育に続くこと，そして，生活・仕事・市民としての存在において必要とされる教養を獲得することである。

85

つまり，コレージュでは，小学校からの連続の中で，知識と方法の習得や判断力の育成により，生徒のコレージュの課程の修了やさらなる学業の継続，市民として生きていくために必要となる教養の獲得が目指されている。

　そして，各教科に共通する目標として，論理的思考を伸ばすこと，記述，口述，イメージの方法を習得すること，個人学習の習慣を与えることの3つが掲げられている。論理的思考の発達とは，現実を観察し，思考や概念を分析し，合理的思考を構築するためにそれらを組み立て，厳密な議論をすることができるようになることであり，これにより生徒が自己の判断力を行使し，自ら考えることができるようになることが期待されている。また，表現やコミュニケーションの手段として，従来から重視されてきた言葉による表現に加えて，発展著しいイメージ，つまり視覚的により捉えることのできる方法を導入することが求められている。そして，生徒を自律（autonomie）と責任（responsabilité）へと導くために，個人学習の習慣，つまり予習や復習など授業時間外での学習の習慣を身に付けることが目指されている。個人学習を通して，知識を深めること，様々な文脈の中で知的ツールを活用すること，他の教科を参考にすること，知が教科の枠組みで仕切られるものではないことを，生徒が理解することが意図されている[22]。

　教科に共通する3つの目標のもと，生徒の人間形成と市民の育成に向けて，各教科において，知的厳密さ，責任，連帯へと導くための学習指導が展開される。学習指導の方法と手続きの選択は，教師の自由な裁量に任される。

2　「理化」の性格と目標

　これまで実施されてきた「実験科学」は，新しい教育プログラムにおいて，「理化」と「生物・地質的科学技術」の2つに区分され，独立した教科として時間が配当されることとなった。科学的方法論が若干異なる2つ

の分野にそれぞれ特色を持たせ，内容面での追加や削除の調整を実行したものとなっている。このように，「実験科学」が2つの教科として区分された背景には，各分野の指導上の問題への対応と，懸案とされている中等教育教員養成制度の問題が密接に関わっていると考えられる。

　教育プログラムでは，「理化」の「性格と目標（nature et objectifs）」について，以下のように述べられている[23]。

> － 理化の教育は，自然の特性や現象，人間により作られたものの特性と現象についての知識と理解を生徒にもたらす。
> － 理化の教育は，今日の人間の教養の重要な側面を構築するとともに，よりよい水準の科学・技術研究の継続を可能とする。
> － 探究で必要とされる厳密さの必要性を意識させながら，生徒に科学的態度が漸次育成されることを目標とする。
> － 安全の一般的なきまりについての教育を含めて行わなければならない。この教育は，態度と同様に，方法，スキル，知識の目標を目指さなければならない。

　上述の「理化」の性格と目標を実現するため，また，「物理学や化学は実験科学である」との考えから，授業では，生徒による実験活動を行うことが求められている。教育プログラムでは，その「取扱い（instructions）」として，以下のように述べられている[24]。

> 　物理と化学は実験科学である。それらは，生徒による実験の活動を含む授業で教えられる。
> 　教科の性質を考慮して，すべての努力を実験方法の獲得に向けて集中させる。実験の過程の基本的な段階の中で，特に次のことを区別する。すなわち，観察，変数の発見と制御，測定，仮説の設定，仮説を検証するための実験である。
> 　それぞれの時間は，限られた数の簡単な実験で－たとえ1つであっ

ても−組み立てられなければならない。その実験は，生徒を自然や技術の環境に結び付けるものであり，要因を制御したり，明快な結論に到達したりすることができるようなものである。実施から結論に至るまで，実験は，教師に導かれながら，活動的で秩序だった生徒全体の参加を含まなければならない。

　生徒の多様性に応じた教育は，抽象的推論の段階への到達と科学的な概念の習得をねらいとする教育を生徒がうまく利用できるようにしなければならない。

　学習過程において，実験方法の獲得が重視されており，具体的な手続きとして，観察，変数の発見と制御，測定，仮説の設定，仮説の検証が挙げられている。これら手続きを含む実験活動を通して，生徒に抽象的推論と科学的な概念を習得させることが期待されている。

3　「理化」の学習内容

　学習内容は，物理分野において，抽象的な概念を減ずるべく，力学とエネルギーが大幅に削減された結果，重力のみとなり，改訂前の教育プログラムにおいて第4級で取り扱われていた光学の一部は第3級に移行された。そして，第3級では，写真機の利用法，電気の組立てによる理解，経済・社会における化学の位置付けといった，科学の利用や科学と社会との関わりについて取り扱われることとなった。このように，「理化」では，知識の拡大を抑制しつつ教科の特性を保持し，生徒に基礎的な知識を獲得させるとともに，獲得された知識を新しい領域に転移することができるよう，学習内容が設定された。その概要を表2-4に示す[25]。

表2-4　1985年改訂「理化」の学習内容の概要

第6級	第5級	第4級	第3級
物質の物理的特性 固体，液体の体積／固体，液体の質量／水の状態変化／温度 **電気** 直流電源と1個の電球の回路，規格電球の正しい選択／電流と電気回路／直列並列回路／選択回路 **化学** 燃焼／空気	**物質の物理的特性** 気体／変形／熱の遮断と熱の伝わり方の実験 **電気** 電圧と電流／磁石とコイル／2変数の論理回路 **化学** 物質の不連続性／化学反応	**光学** 光の伝播／光の分析：天文物理の概念 **電気** 交流電圧の発生／発電機による交流電流／交流電圧の整流 **化学** 金属の電子構造／原子構造／原子構造と電気／イオン	**光学** レンズによる像／写真機の利用法 **重力** **電気** 電気抵抗／モーター／電気エネルギー／組立てによる理解 **化学** 分子／固体／溶液／経済・社会における化学の位置付け

　例えば，各学年における「物質の物理的特性」と「化学」に関わる具体的な学習内容は，表2-5のとおりである[26]。

表2-5　「物質の物理的特性」と「化学」に関わる学習内容

〈第6級〉
○物質の物理的特性
（1）固体，液体の体積……身近な固体と液体の観察／体積の単位／体積の測定
（2）固体，液体の質量……質量の単位／質量の測定
（3）水の状態変化……物質の三態の移り変わり／質量の保存と体積の非保存
（4）温度……温度の測定／熱と温度の区別
○化学
（1）燃焼……炭素，硫黄，家庭で利用される燃料の燃焼，生成物の特徴／熱源としての燃焼

（2）空気……組成：燃焼に必要な酸素（助燃性）
〈第5級〉
○物質の物理的特性
　（1）気体……圧縮性と気体の圧力／大気圧／気体1Lの性質
　（2）変形……固体や液体の変形／圧力一定下での気体の変形
　（3）熱の伝わり方と断熱の実験学習
○化学
　（1）物質の不連続性，粒子モデル……原子，分子：存在，大きさ，表し方，記号／気体状態における単体，化合物，混合物の粒子モデル
　（2）化学反応……炭素と水素：鉄と塩酸の反応，炭素の燃焼，石灰石，石灰石と塩酸の反応，石灰水／硫黄と鉄の酸化／二酸化硫黄の検出，三酸化硫黄の存在；鉄粉を用いた空気の成分についての実験／硫黄原子の不変性を説明する化学反応／化学反応における原子の保存／原子の保存の巨視的な結果：反応物の消滅，物質の生成，質量の保存
〈第4級〉
○化学
　（1）金属の電子構造……原子の規則的配列
　（2）原子の構造……原子核と電子／電子の質量と電荷
　（3）原子の構造と電気……金属を流れる電流の解釈，電子の移動／電流のきまり，発電機の役割／絶縁体の場合
　（4）イオン……金属イオン：銅と銅イオンの変化，銅イオンの反応，電池中の亜鉛の消費の電気的解釈，鉄と硫酸銅水溶液の反応，金属のイオン化／陰イオンの存在：硫酸，硝酸，炭酸，塩化物の各イオン，電解質中のイオンの移動
〈第3級〉
○化学
　（1）分子性物質……水：合成，電気分解，反応式／炭化水素（アルカンのみ）：構造式，燃焼，反応式
　（2）固体……炭素，硫黄，鉄の燃焼：さび，炭素による酸化銅の還元，アルミニウムによる酸化鉄の還元／固体状態の物質の表現／反応式
　（3）水溶液……イオンの性質：Cu^{2+}，Fe^{2+}，Fe^{3+}，CO_3^{2-}，SO_4^{2-}，Cl^-／酸性，塩基性：酸と塩基の水溶液の例，塩酸，水酸化ナトリウム水溶液，酸性度の測定，H^+とOH^-のイオン

> （4）経済や社会における化学の位置付け

「物質の物理的特性」は，第6級と第5級で取り扱われている。そのキーワードとして，固体，液体，気体，体積，質量，温度，熱，圧力，かたちを挙げることができる。これらは物質のふるまいを巨視的に捉えるために必要な要素であり，それぞれの概念を構築することは，後に続く学習の基礎になるものと考えられる。

一方，「化学」では，身近な現象である燃焼を端緒として，化学反応，粒子モデル，分子，原子，電気化学とイオンへと，化学変化に対する微視的視点が漸次導入されている。従前の教育プログラムでは，第6級と第5級では燃焼について現象を中心とする学習であったが，新しい教育プログラムでは，第6級から化学反応としての学習が始まり，第5級では反応について粒子モデルを用いて解釈させている。そして，最終学年では，それまでの学習をもとに，いろいろな物質の反応を解釈するとともに，酸化・還元，酸・塩基の学習が展開されている。最後に，「経済・社会における化学の位置付け」として，私たちの生活や社会における化学の役割について考えさせている。このように，化学分野の学習はより詳細に取り扱われるようになっている。

4　横断的テーマの設定とその取扱い

1985年の教育プログラムでは，各教科の学習内容に加えて，すべての生徒により完全な教育を保障するために，それぞれの教科の関係を発展させる横断的テーマ（thèmes transversaux）が設定されている。横断的テーマの学習を通して，生徒が，教科間の収束（convergences）を理解すること，現実世界を総合的な視点で分析すること，社会を取り巻く諸問題を自覚し責任の感覚を伸長すること，などが期待されている。横断的テーマの学習は，知（savoirs）の整合性と確実さを試す機会であり，民主的な社会の基礎となる要素についての学びを促すものとなっている。取り扱われるテーマは，表2-6に示す6つである[27]。

表2-6　横断的テーマで取り扱われる内容

- 消費 – 生活のコツと消費；消費の場面で考慮された行動を準備する。
- 発展 – 国家間の連帯のすがた；発展途上国についての知識を得るとともに，文化の理解とアイディディー尊重のための連帯を自覚する。
- 環境と遺産 – 環境と遺産の保護と活用；人を環境や過去と結び付ける関係を理解する。
- 情報 – 報道機関の影響と知らせる自由；報道機関や情報手段の自由で賢明な利用を学習する。
- 健康と生活 – 社会における個人の自由と責任；知識を持つことで危険性を予防する。身体，精神，知性のバランスのとれた健康を保つように準備する。
- 安全 – 予防と応急処置；危険性を識別し，自分と他者の生命の保護と尊重のために準備する。

このうち，例えば「健康と生活」の項目では，保健衛生，中毒，食物のバランス，性教育，医療費について，また，「安全」の項目では，自然，運動，交通，産業に潜む危険性と，事故や緊急時にどのように対応するか，応急処置の方法について取り扱われている。このように，横断的テーマでは，既存の教科の枠組みを越えて，現実世界で生きていくために必要とされる内容が取り上げられている。

横断的テーマの学習は，特別な時間を設定して行われるではなく，関連諸教科の連携，協力しながら，それぞれの教科の教員の指導のもとに展開される。授業の中で教師がそれぞれのテーマについて生徒の意識を喚起し，わかりやすく説明するとともに，テーマを分析し考えるための知識と方法を獲得させることが求められている。

中等教育段階において，このような教科横断型学習の考えが初めて大きく打ち出されたのは，サヴァリ国民教育相下で1981年に提案された，「教育活動計画（projets d'action éducative, PAE）」においてである。PAEでは，授業の課題テーマを深めることを目的としてクラブ活動で深めるもの，教育的性格を持つ団体との協力を得て通常授業時間外に行われるもの，特定

教科のテーマと結び付けて生活の枠組みを改善するためのものの，3つのタイプが定められた。このような活動を通して，コレージュの複線型教育制度の廃止に伴う学業失敗からの脱却と，学校全体が取り組む活動についての学校の自由裁量の拡大が図られることとなった。PAEにおいて定義された学習環境の拡充をもとに，教育プログラムにおいて横断的テーマが明文化されたのである[28]。

横断的テーマの取扱いについて，例えば，Hachette 社の理化の教科書では，電気の分野では電気の保安や電気事故に対する応急処置について，化学の分野では燃焼の危険性や喫煙の害について，項目立てられている[29]。このような分野を学習する際に，教師が横断的テーマを視野に入れながら，授業が展開されていたものと推測される。

第3節　教科書にみられる「理化」の特色

1　「理化」教科書の構成

1985年の教育プログラムに準拠して作成された，Hachette 社の「理化」教科書では，コレージュの理化教育の目的について，以下の点が指摘されている[30]。

- 自然環境や技術環境のよりよい理解を可能にする，科学的教養の基礎を青少年に提供すること，今日の人間にとって必要不可欠な安全のきまりの初歩を身に付けさせること。
- リセでの学習についていくことのできるよう，青少年の多くを準備させる。物理と数学のスキルの獲得を援助し，後の科学教育のよりどころとなる構造化された知識を教えること。
- 理化に対して生徒を動機付けること。

このうち，第6・5級では，理化の導入として科学的教養の基礎と安全のきまりの習得，学習の進んだ第4・3級では，理化に対する動機付けに

重点が置かれている。そして，コレージュ全体を通して，卒業後の進路に必要とされる確固としたスキルと知識を獲得することが目指されている。

また，Armand Colin 社の「理化」教科書では，2000年に向けて社会が変容することや，その中で生徒が技術者，研究者，技師などになっていくであろうことを予測しながら，生徒が将来の科学や技術の可能性を知るべきであることが述べられている。そして，教科書の目的が，以下のように示されている[31]。

- 実験的な手続きを導入しながら，科学的態度を獲得するよう提案する。
- 個人的な努力を活用する活動の方法（méthode de travail）を勧める。
- 論理的知識と実践的適用の関係を明らかにする。

このように，「理化」の教科書では，身のまわりの環境や科学，技術についての理解，生徒の将来の進路に向けた準備として，科学の知識，スキル，方法及び態度の習得が目指されていることがわかる。

ところで，第5級の化学分野の「物質の不連続性，粒子モデル」では，教育プログラムによると，原子，分子の存在とその大きさ，表し方，気体状態における単体，化合物，混合物の粒子モデルについて学習することが示されている[32]。これに対して，教科書の学習項目は表2-7のように構成されている。

第2章　多様化した生徒に対応する物理・化学教育の模索

表2-7　教科書における化学分野「物質の不連続性，粒子モデル」の取扱い

Hachette社[33]	Almand Colin社[34]
17　分子 　1. 気体の中の分子 　　気体のモデル／分子運動のシミュレーション／液体と固体の中の分子 　2. 分子は同一か 　3. 分子の大きさ 　　分子は大きいか小さいか／分子の大きさ／分子の拡散 18　分子と原子 　1. 原子とその記号 　　主たる原子／元素記号 　2. 原子の大きさ 　3. 分子の表現 　4. 分子の例 資料	8　気体における分子 　1. 分子 　2. 気体における分子 　　分子の小ささ／気体の特性の想起 　3. すべての分子は同一ではない 　　実験／説明／結論：混合物と純物質 9　分子と原子 　1. 分子は原子からできている 　　分子と何が違うのか／原子／元素記号 　2. 分子を化学式でかく 　　それぞれの分子が化学式を持つ／単体と化合物 　3. 物質はいつも分子からできているわけではない

　どちらの教科書においても，学習項目についての説明文と，それに関わる写真や図が，3〜4ページにわたり示されている。原子の大きさについては，電子顕微鏡の写真が示されており，科学・技術の紹介が見られる。最後に，単元でおさえておくべき内容について，まとめの文章が記述されている。

　単元の学習項目のあとに，関係する資料（documents）が1ページ程度で提示されている。例えば，分子の大きさを想像するための単位の換算，コンピュータによる分子運動のシミュレーション，同一元素からなる異なる分子について，元素の発見と周期表といった内容がみられる。これらの資料は，生徒の学習内容に対する興味や関心の喚起や，学習内容の理解を深める契機となるものと考えられる。

　章末には，学習内容の確認から，計算する，実験する，調べるといった様々なレベルの練習問題が1〜2ページにわたり掲載されており，生徒の

自己学習による知識やスキルの習得が可能になるよう計画されている。

2 特色ある学習内容
(1) 第5級-電気「2変数の論理回路」

　第5級では，電気分野で新しく「2変数の論理回路」が取り扱われることとなった。このような学習内容の導入には，当時のテクノロジー教育の推進政策が反映されているものと推察される。例えば，1985年1月には，ファビウス首相により「全国民コンピュータ習熟計画（Plan « Informatique pour Tous »）」が発表されており，1985年1月8日付のシュヴェーヌマン国民教育大臣による大臣通達では，「技術教育・テクノロジー教育は，現政府が掲げる最優先政策課題である」としてテクノロジー教育の推進が謳われている[35]。このように，テクノロジー教育に対する機運が高まっていたのである。教科書では，表2-8の内容が取り扱われている。

表2-8　教科書における「2変数の論理回路」の取扱い

Hachette社[36]	Armand Colin社[37]
5　論理回路	22　論理回路
1. 論理回路を含む集積回路 　描写／記号化 2. 回路の分岐 　組立て／高電圧と低電圧による入力／出力への入力の影響／論理コード 3. AND回路 4. OR回路 5. NAND回路 資料：論理回路を用いて盗難防止アラームをどのようにつくるか／光の比較器	1. 集積回路の分解 　観察／接続 2. 実験用の組立て 　組立て／入力／出力 3. 様々な回路を用いた実験 4. 応用 　情報処理／自動制御 資料：2進法／半加算器と全加算器／コンピュータによるコマンド／ICカード／ICの製造

　学習は，実物の観察から始まり，論理回路を組み込んだ実験装置による仕組みの理解，回路の真理値の計算へと展開されている。また，資料とし

て，日常生活に関わる論理回路を用いた装置が取り上げられている。まとめでは，論理回路の仕組み，入力と出力の関係を理解することが求められている。

さらに，トランジスターの仕組みと働きが取り上げられており，教科書では表2-9のような取扱いがなされている。

表2-9 教科書における「トランジスター」の取扱い

Hachette社[38]	Armand Colin社[39]
6　トランジスター 1. トランジスター……3つの端子を持つ構成部品 2. トランジスター：命令スイッチ　遮断されたトランジスター／弱い電流の断続器としての働き 3. トランジスターの利用　水位の検知／光の検出／論理回路を助けるトランジスター 資料：コンピュータを使ってロボットをどのように制御するか	21　トランジスター 1. トランジスターの確認　構成部品の観察／3つの接続の識別／トランジスターの記号／組立て 2. トランジスターの効果　出力回路もしくは命令回路／入力回路もしくは命令回路／結論 3. 実験の簡略化 4. トランジスターの使用例 資料：電子工学の進歩／トランジスターの製造

このような電子工学に関わる学習内容は，これまでの教育プログラムの中にはみられなかったものであり，理化教育の中に先端の科学・技術の内容が取り入れられている点は特徴的である。しかし，教科「テクノロジー」においても電子工学に関わる内容が取り扱われており，学習内容の重複がみられることも事実である[40]。

(2) 第3級－化学「経済・社会における化学の位置付け」

第3級では，新しい内容として「経済・社会における化学の位置付け」が取り扱われることとなった。国家規模，地方規模，地域規模での，化学工業の主たる製品を取り上げ，例えば，工場見学，資料，映像もしくはスライドなどを用いながら，日常生活において化学が果たしている役割や，

化学が汚染や危険と同義として普及している意見を明らかにすることが意図されている[41]。教科書では，表2-10に示す学習内容が提示されている。

表2-10　教科書における「経済・社会における化学の位置付け」の内容

Hachette社[42]	Armand Colin社[43]
7　私たちを取り巻く化学 　1. 炭化水素の化学 　2. 基礎無機化学 　3. 化学関連産業（parachimie）や薬学 　4. 化学の新分野：ファインケミカル 　5. 化学と国民経済	7　経済と社会での化学の位置付け （資料の提示） 　化学と農業／化学と住まい／化学と自動車／化学と衣服／化学とスポーツ／化学と環境／化学と経済

　Hachette社の生徒用教科書では，単元の扉に，今日の私たちの生活で使用している様々なものは，天然の物質ではなく，多くの化学反応を経由して合成された生成物から作られていることが述べられている。そして，学習のトピックとして，石油の産出地や石油製品に関する炭化水素の化学，地下の産出物や海水，空気から物質を取り出す無機化学，医薬品や塗料などの化学製品の製造と商品化を行う化学関連産業やファインケミカルといった，化学産業に関する説明，化学工業が国家経済の中でどのくらいの比率を占めているかの資料が提示されている。そして，まとめとして，表2-11の内容が示されている[44]。

表2-11　Hachette社の教科書における「私たちを取り巻く化学」のまとめ

- 重化学には有機化学と無機化学を含む。
  - 炭化水素は有機化学の中で重要な役割を果たす：それは特に石油や天然ガスに由来している。
  - 無機化学では，地下，海，空気から物質を取り出す。
- 無機化学や有機化学の製品の一部は，薬学や科学関連産業に関わる。
- 近年のファインケミカルの発展により，様々な先端技術において化学製品が使われている。

・フランスにおいて，化学は加工産業（industries de transformation）の第2位を占めている。輸出により，外貨獲得に重要な役割を果たしている。

一方，Armand Colin社の生徒用教科書では，地域の実態に合わせて，生徒や教師が自由に学習活動を展開できるよう，生活や社会と化学の関わりに関する資料が提示されている。学習活動の展開例を表2-12に示す[45]。

表2-12　Armand Colin社の教科書における「経済と社会での化学の位置付け」の学習活動展開例

○製品を列挙する
1. 利用されている主な製品を列挙する。
　　……農業／住居／衣類／自動車／薬局
2. 地域の化学工場により作られている製品を列挙する。
　　それらは基礎化学，parachimie，薬品化学に属しているか？

○カギとなる製品
3. 化学工業のカギとなる以下の製品のうちの1つについて，製法，利用，経済上の重要性を示すカードをつくる。
　　……エチレン／塩素／ホルムアルデヒド／ベンゼン／プロピレン／ブタジエン／アンモニア／フェノール／リン酸／酢酸／硫酸／メタノール

○資料学習のテーマ
4. 以下のテーマのうち1つを選び，文書とイラストを含む3～4ページの資料をつくる。
　　……化学と写真／化学と電子工学／化学と衛生／化学と化粧品／化学と芸術／化学と文化／化学と輸送手段／化学と宇宙の征服／化学と食品
　　有効な事例を用いて，化学の位置付けの重要性を示すことを求める。

○日常の製品
5. 日常生活で用いている以下の製品のうち1つを選び，性質，構成，利用を示すカードをつくる。
　　……ガラス／セメント／ペンキ／のり／過酸化水素水／ワックス／接着テープ／インク／紙／電池／マッチ／シャンプー／漂白剤／

>   石けん／歯磨き粉
> ○地域の調査
>   6. 地域の地図上に，化学工場の場所を示す。どんな製品が作られているか？
>   7. 工場を見学する。1～2ページの報告書を作成する。そのために以下の計画を想起させる。
>   ……工場の所在／何を作っているか／どのくらいの人が働いているか／生産能力はどのくらいか／原料として何が必要か／どんな化学のプロセスが使われているか／公害を防ぐためにどのような措置がとられているか／なぜこの地域に工場が作られたのか（原料，エネルギー源の調達，製品の販路など）

　「経済・社会における化学の位置付け」の学習内容は，他の単元のように，科学的事象について実験などを通して解釈し，科学的知識を習得するということを目標としているのではない。いろいろな化学産業を紹介した文章を読んだり，地域の化学産業を調べたりすることで，社会の中で化学がどのような役割を果たしているかを認識させるものとなっている。このような内容は，「国家計画」にみられる技術立国化への基礎づくりに向けた学校教育の刷新や，シュヴェーヌマン国民教育相による理工系の人材育成に向けた学力水準向上のための方策の具現とみることができる。

(3) 安全のきまりについての学習

　教育プログラムでは，「理化」において安全の一般的なきまりを含めて学習することが求められている。また，安全は，横断的テーマの1つでもある。教科書では，電気と化学の分野において，表2-13に示す内容が取り上げられている。

表2-13 教科書にみられる安全に関する内容の取扱い

Hachette社[46]	Armand Colin社[47]
○第6級 〈電気〉 **15 電気回路の安全性** 　短絡回路の危険性／電気設備の安全性／人の安全性 〈化学〉 **21 燃焼の危険性** 　火災の危険／爆発の危険／窒息の危険／中毒の危険 **22 タバコの煙とその危険性** 　タバコの煙の危険性 ○第5級 〈物質の物理的特性〉 **15 気体の膨張** 　危険性と予防 ○第4級 〈電気〉 **13 電源回路：危険性−安全** 　人への危険−感電，人をどのように保護するか	○第6級 〈電気〉 **17 電気回路の材料** 　短絡回路の危険性 **20 電気回路の危険性** 　過電圧の危険性／電源回路の危険性／感電する状況／安全のきまり **23 電気設備の保護** 　短絡回路／ヒューズ／ブレーカー 〈化学〉 **12 危険な燃焼** 　硫黄の燃焼の危険性／いくつかのプラスチックの燃焼の危険性／タバコの煙の危険性／その他の危険性 **13 可燃性ガス** 　ガス漏れの危険性 ○第4級 〈電気〉 **12 電源回路：危険性と保護の方法** 　電源の危険性／人の保護

　電気分野では，乾電池による短絡回路からはじまり，日常生活の中の家庭用電源に潜む危険性と，それを回避する仕組みについて述べられている。例えば，第4級のHachette社の教科書では，浴室でのドライヤーの使用，電気配線のある壁の工事，電気コードを引っ張ってコンセントから取り外すこと，電源を入れたままのテレビの修理，たこ足配線など，家庭における電気の取扱いにかかわる危険な場面が示されている。図の提示により電気の危険性について認識することで，感電などの危険を回避し安全に電気を取り扱うことができると考えられる。また，資料のページで，電気事故にあったときの応急処置として人工呼吸の方法が示されている。

　化学分野では，火災の危険性，燃焼により生成した物質による中毒や，

可燃性ガスの爆発の危険性が取り上げられている。さらに，燃焼と関連してタバコの煙の危険性について，人体との関係が示されている。

このように，身近な電気や化学の分野における現象に潜む危険性について，科学的な根拠をもとに理解し，危険を回避するための方法やスキルを習得することができるようになっている。

3　学習活動の展開事例

第3級の化学分野について，Almand Colin 社の教科書では，教育プログラムで示された内容に基づき，水の電気分解と合成，炭化水素とその燃焼，炭素・硫黄・鉄の酸化，酸化鉄・酸化銅の還元，酸・塩基，水溶液中のイオンの特徴付け，経済・社会における化学の位置付け，の7つの章で構成されている。

例えば，酸・塩基の学習は，表2-14のように展開されている[48]。

表2-14　酸・塩基の学習活動展開事例

〈目的〉
pH試験紙を用いて水溶液の酸性・塩基性を調べる。水溶液の酸性と塩基性を実験で明らかにし，H^+イオンとOH^-イオンの果たす役割を解釈する。
○知識
　－pH＜7：酸性水溶液。pH＞7：塩基性水溶液。pH＝7：中性水溶液
　－酸性水溶液の例：塩酸
　－塩基性水溶液の例：水酸化ナトリウム水溶液
　－H^+とOH^-：水の役割
　－pH目盛：0————14
○スキル
　－pH試験紙を用いて水溶液のpHを測定する。
　－酸性水溶液や塩基性水溶液をうすめたときのpHの変化を予想する。
〈準備〉
蒸留水／日常生活の中の酸（レモンジュース，酢，うすい塩酸，コカコーラなど）／日常生活の中の塩基（石けん，アンモニア，漂白剤，石灰水，水酸化ナトリウム水溶液）／pH試験紙／試験管3本／ガラス棒／

BTB溶液
〈展開〉
pH試験紙を提示し，使い方と容器のふたに示された数字を後で使うことを示す。
1. 塩酸
   酸をうすめる：0.1M塩酸1mL（pH＝1）に少しずつ水を加える。pHは大きくなり，限界値の7に近づくことを確認する。　⇒　pH＜7：酸性水溶液
2. 水酸化ナトリウム水溶液
   塩基をうすめる：水酸化ナトリウム水溶液に少しずつ水を加える。pHは小さくなり，7に近づくことを確認する。　⇒　pH＞7：塩基性水溶液
3. 純水の場合
   H^+，OH^-の存在を導入する。pH試験紙の色を変化させている原因を明らかにする。
   水はpH試験紙を変色させることができるので，H^+とOH^-を含んでいる。水の中のH^+とOH^-の存在を生徒に隠すことはできない。
4. 酸性の水溶液と塩基性の水溶液
   a）水の入っている試験管に，身のまわりの物質を加え，pH試験紙によりそれぞれのpHを決定する。結果から，pHが7より小さい，同じ，大きいに分ける。そして，水溶液を酸性，中性，塩基性に区分する。
   b）pHはH^+とOH^-の濃度から計算されることを，後で（第2級）学習することを示す。
   c）水溶液がpH＝7となるものは，純水と同等のH^+とOH^-を含むことを示す。H^+とOH^-が同等であることを示すだけでは，中性の特徴として十分ではない。
   d）「pHが0より小さいもの，14より大きいものは存在するか？」
      存在しているが，0－14の範囲外のものは複雑であり，pHの定義の式が有効ではなくなる。化学では，0－14の範囲だけを用いている。

ここでは，pH試験紙によるpH測定の結果から，水溶液を酸，塩基，中

性に分類している。導入では,「水溶液に触れると比色表のように色が変わる試験紙があり,比色表に示された数字をpHと呼ぶ」として,pHを導入している。そして,塩酸や水酸化ナトリウム水溶液を水でうすめ,pH試験紙の色の変化を観察し,その結果から,pH＜7を示す水溶液が酸,pH＞7を示す水溶液が塩基であることを学習している。また,水溶液中のH^+とOH^-の濃度を導入し,pHの値とそれぞれのイオンの濃度の関係を明らかにしている。最後に,身近な物質を水に溶かしpHを測定することで,水溶液を分類している。

これらの学習内容について確認するために,表2-15に示す評価問題が準備されている[49]。

表2-15 酸・塩基の学習内容に関わる評価問題（抜粋）

1（科学的知識-語彙,記号,単語／大きさ）以下の文章を完成させなさい。
 a）pHが7より小さいとき,水溶液は＿＿＿＿＿＿＿である。
 b）pHが7より大きいとき,水溶液は＿＿＿＿＿＿＿である。
 c）pHが7と同じとき,水溶液は＿＿＿＿＿＿である。
3（スキルの知識-実験の領域）正しい答えを選択しなさい。
 a）H^+イオンの濃度が大きくなると,pHは　大きくなる。／小さくなる。
 b）OH^-イオンの濃度が小さくなると,pHは　大きくなる。／小さくなる。
 c）H^+イオンの濃度が小さくなると,pHは　大きくなる。／小さくなる。
 d）OH^-イオンの濃度が大きくなると,pHは　大きくなる。／小さくなる。
4（スキルの知識-実験の領域）以下の場合,pHは大きくなりますか,小さくなりますか。
 a）1Lの水に塩酸を滴下したとき。
 b）1Lの水に水酸化ナトリウム水溶液を滴下したとき。
 （水にそれぞれの水溶液を滴下する図で提示。省略）
5（スキルの知識-実験の領域）以下の場合,pHはどのように変わりますか？
 a）塩酸に水を加えたとき。
 b）水酸化ナトリウム水溶液に水を加えたとき。
 c）水酸化ナトリウム水溶液を加熱して含まれる水を蒸発させたとき。
 d）純水に食塩水を加えたとき。

6（スキルの知識 – 理論の領域）正しい答えを選択しなさい。

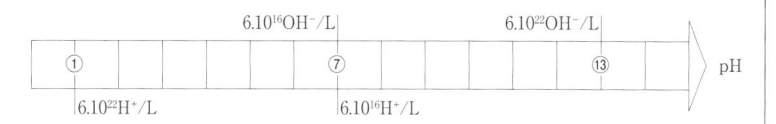

```
                    6.10¹⁶OH⁻/L              6.10²²OH⁻/L
    ①                   ⑦                       ⑬          pH
  6.10²²H⁺/L          6.10¹⁶H⁺/L
```

a）酸性の水溶液は，水と比べてH^+を　多く／少なく／同じくらい　含む。

b）中性の水溶液は，水と比べてH^+とOH^-を　多く／少なく／同じくらい　含む。

c）塩基性の水溶液は，水と比べてOH^-を　多く／少なく／同じくらい　含む。

8（スキルの知識 – 実験の領域）以下の問いに答えなさい。

a）どちらの水溶液がより酸性ですか：レモンジュースpH = 3.5，塩酸pH = 4.2。

b）どちらの水溶液がより塩基性ですか：pHが11.2の洗剤，pHが10.4の水酸化ナトリウム水溶液。

　教師用指導書には，テスト用の問題が実施時間に合わせて3段階で提案されている。上述の問題をテストとして実施する際には，20分程度で行うことが期待されている。問題は，学習活動展開事例の目的で示した知識とスキルに関わるものである。学習展開において実験を通して学習がなされており，その内容を想起しながら思考させる問題となっている。

　教科書には，資料として，「日常生活におけるpHの重要性」として，生物の例として人の血液のpH，食品生産の例として野菜や果物，牛乳のpH，農業の例として農産物を生産する土壌のpHについて取り上げられている。教科書の各単元では，このように，科学の実際や産業の現状，将来の問題，科学史といった観点から，学習テーマに関係する資料が掲載されている。

　学習活動の展開事例から，実験を行いその結果を解釈しながら科学の知識及びスキルを習得することに主眼が置かれていることが窺える。

第4節　まとめ

　第2章では，1980年代の物理・化学教育に焦点を当て，統一コレージュの設置により顕在化した生徒の学力の多様化と，科学・技術が進展する社会からの要請に対して，どのような対応が行われたのかについて検討した。

　1975年の統一コレージュの創設により，すべての生徒をコレージュに受け入れて教育することが可能となった。その一方で，多様な能力を持つ生徒に対して，同一のクラス，同一の内容により教育することにより，結果として学業不振の生徒の増大を招くこととなった。このことは，「学業失敗」として社会問題化し，1980年代にはその打開に向けた教育改革の方策が模索された。

　このうち，学習内容や教育方法について，例えば，1982年のルグラン委員会による報告書『民主的なコレージュのために』では，背景の異なる生徒の要求に応えるため，カリキュラムの知的抽象的な性格を減じるとともに，多様に分化した教育の必要性が指摘された。また，1985年のコレージュ・ド・フランス教授団による『未来の教育のための提言』では，社会における職業活動やコミュニケーションに必要とされる，最低限の共通教養の習得を保障するため，教育プログラムにその知識及びスキルが明示されること，教育内容の定期的な検討により教えられる知識が現代化されることが求められた。

　このような方向性のもと，1985年に出された新しい教育プログラムでは，学習内容の刷新が図られ，「実験科学」は，「理化」と「生物・地質的科学技術」に分けられた。「理化」の目標では，従前の「実験科学」理化分野においてみられた，より高度な物理・化学教育に向けた準備教育としての性格を受け継ぐとともに，科学・技術の進展する社会に生きる生徒に必要とされる教養を育成することが目指されている。

　学習内容は，従前の内容を踏襲しながら，多様な学力を持つ生徒への対応として，力学及びエネルギーなど，抽象的性格を持つ内容を減じるととと

もに，新たに，先端の科学・技術に関わる現代的な内容が加えられている。新しく教育プログラムに取り入れられた学習内容について，教科書では，例えば，電子工学や，日常における化学製品の利用と化学産業といった内容が取り上げられている。このような先端の科学・技術に関わる内容の取扱いは，一方で，テクノロジー教育推進の機運の高まりや，理工系の人材育成に向けた学力水準向上のための方策の具現化とみることができる。

学習にあたっては，実験方法の習得が重視されており，その具体的なプロセスとして，観察，変数の発見と制御，測定，仮説の設定，仮説の検証が挙げられている。つまり，これらのプロセスを含む実験活動を通して，科学的な概念を構築していくことが期待されている。また，教科の学習に加えて，「横断的テーマ」を設定することで，生徒が，教科間の収束を理解するとともに，現実世界をより総合的に分析し，社会を取り巻く問題に目を向けることが目指されている。

つまり，1980年代の前期中等物理・化学教育について，統一コレージュの実現により顕在化した多様な学力を持つ生徒への対応に向けて，教育課程の模索がなされるとともに，科学・技術の進展する社会からの要請を背景として，現代的な科学の内容の取り込みが行われたことを指摘することができる。

第2章　注及び文献
1) 藤井佐知子,「第4章戦後教育政策におけるジョスパン改革の位置と意義」, 小林順子編,『21世紀を展望するフランス教育改革－1989年教育基本法の論理と展開－』, 東信堂, 1997, pp.80-86.
2) L. Legrand, *Pour un collège démocratique*, La documentation française, 1983, pp.19-20.
3) 同上, pp.17-18.
4) 同上, pp.94-96.
5) 同上, pp.103-107.
6) 手塚武彦編著,『各年史／フランス 戦後教育の展開』, エムティ出版, 1991, pp.237-239.
7) Collège de France, "Propositions pour l'enseignement de l'avenir", *Le Monde de*

l'éducation, n°116, 1985, pp.62-68., コレージュ・ド・フランス教授団, 「未来の教育のための提言」, 『世界』, 第512号, 1988, pp.289-316. また, 『提言』について, 科学・技術の発展とそれに対する対応に焦点を当てて分析したものとして, 以下のものがある. 永冶日出雄, 「第4章 科学・技術の発展と教育の変容・改革－コレージュ・ド・フランス教授団の『提言』を中心に－」, 現代フランス教育研究会, 『最近のフランス教育改革』, 1988, pp.33-39.
8) 同上, p.62.
9) 同上, pp.64-65.
10) 同上, p.65.
11) 同上, p.66.
12) ランジュバン著, 竹内良知ほか訳, 『世界教育学選集14 科学教育論』, 明治図書, 1974, pp.120-133.
13) 上掲書6), p.247.
14) "Circulaire n°85-009 du 8 janvier 1985, Préparation de la rentrée scolaire 1985", B.O., spécial n°1, 17-01-1985, p.3.
15) "Circulaire n°85-375 du 25 octobre 1985, Rénovation des collèges.", B.O., spécial n°38, 31-10-1985, p. Ⅲ
16) 同上, pp. Ⅳ - Ⅴ.
17) 同上, p. Ⅶ.
18) "Note de service n°85-011 du 8 janvier 1985 annexée à la circulaire n°85-009 du 8 janvier 1985 de préparation de la rentrée scolaire 1985 : collège", B.O., spécial n°1, 17-01-1985, p.13.
19) MEN, *Collèges - Programmes et instructions*, CNDP, 1985, pp.11-12.
20) 同上, p.7.
21) 同上, p.15.
22) 同上, pp.18-22.
23) 同上, p.257.
24) 同上, pp.257-258.
25) 同上, pp.258-267.
26) 同上, pp.258-267.
27) 同上, pp.327-333.
28) 大坂治, 「第Ⅱ部第10章 学校自治の拡大による学校経営の改革」, 小林順子編, 『21世紀を展望するフランス教育改革－1989年教育基本法の論理と展開－』, 東信堂, pp.304-305. 高橋洋行, 「フランスの市民性育成に見る教科横断型学習の学際的変遷－コレージュでの市民性教育に関する諸改革の検討を通して－」, 『日仏教育学会年報』, 第13号, 2007, pp.58-66.

29) 例えば，電気分野については，J. - P. Durandeau et al, *Sciences Physiques 4e*, Hachette, 1988, pp.112-119., 化学分野については，J. - P. Durandeau et al, *Sciences Physiques 6e*, Hachette, 1986, pp.123-133.
30) J. - P. Durandeau et al, *Sciences Physiques 6e*, Hachette, 1986, p.3., J. - P. Durandeau et al, *Sciences Physiques 4e*, Hachette, 1988, p.3.
31) P. - J. Chirouze dir., *Sciences Physiques 5e*, Armand Colin, 1987, p.2.
32) 上掲書19), p.261.
33) J. - P. Durandeau et al, *Sciences Physiques 5e*, Hachette, 1987, pp.116-126.
34) 上掲書31), pp.56-66.
35) 上掲書14), pp.6-7.
36) 上掲書33), pp.30-44.
37) 上掲書31), pp.145-154.
38) 上掲書33), pp.45-52.
39) 上掲書31), pp.138-144.
40) "Programme de technologie des classes de 6e, 5e, 4e et 3e des collèges", *B.O.*, n°30, 26-7-1984, pp.2835-2843.
41) P. - J. Chirouze et al, *Sciences Physiques 3e – Guide pédagogique*, Armand Colin, 1989, p.18.
42) J. - P. Durandeau et al, *Sciences Physiques 3e*, Hachette, 1989, pp.64-74.
43) P. - J. Chirouze et al dir., *Sciences Physiques 3e*, Armand Colin, 1989, pp.49-56.
44) 上掲書42), p.68.
45) 上掲書41), pp.18-19.
46) J. - P. Durandeau et al, *Sciences Physiques 6e – 3e*, Hachette, 1986 – 1989.
47) P. - J. Chirouze dir., *Sciences Physiques 6e – 3e*, Armand Colin, 1986 – 1989.
48) 上掲書41), pp.14-15.
49) 上掲書43), pp.38-39.

第3章　生徒を中心に据えた物理・化学教育の実現

　本章では，1989年の教育基本法に始まる1990年代を前期中等物理・化学教育の改革期と位置付け，生徒の将来における，市民としての社会生活の実現に向けた物理・化学教育について検討を行う。

第1節　教育内容・方法の検討と教育基本法

1　教育内容・方法の根本的再検討
(1)「教育内容検討委員会」による『教育内容検討のための諸原則
　　（*Principes pour une réflexion sur les contenus d'enseignement*)』

　1988年12月，ジョスパン（Lionel Jospin）国民教育大臣は，コレージュ・ド・フランスの報告書に基づいて，「教育内容検討委員会（Commission de réflexion sur les contenus de l'enseignement，通称：ブルデュー・グロ委員会）」を発足させた。社会学者のブルデューと生物学者のグロ（François Gros）を委員長とするこの委員会の使命は，「教えられる知（savoirs）の整合性（cohérence）と統一性（unité）を強化するよう配慮しながら，これを再検討すること」[1]である。同委員会は，翌年3月に『教育内容検討のための諸原則（*Principes pour une réflexion sur les contenus d'enseignement*)』を示し，教育プログラムの定義と修正のための以下の7つの原則を提案した[2]。

　1. 教育プログラムは，学問の進歩や社会の変化（その第1はヨーロッパ統合）に伴い必要とされる知識を導入することをねらいとして，定期的な再検討に委ねられなければならない。
　2. 一般的な有効性と適用可能性を備えた思考様式（演繹的思考様式，

実験的思考様式，歴史的思考様式，反省的で批判的な思考様式など）の提供に適した教育が優位におかれるべきである。
3. 開放的，柔軟性のある，見直し可能なものとして，教育プログラムは，1つの枠組みであり，拘束となるものではない。教育プログラムは，1つの教科の中でも，そして教えられるべき知識の総体としても，垂直方向のつながりにおいて漸進的（progressif）であり，水平方向のつながりにおいて整合性（cohérent）のあるものでなければならない。
4. 今日必要とされる教育内容についての批判的検討は，必要性（exigibilité）と伝達可能性（transmissibilité）の2つの要素を常に両立させなければならない。
5. 知識の伝達効率を改善するために，教育的コミュニケーションの形式を多様化し，提供される理論的知識の量よりも獲得される実際の知識の量に重点をおく必要がある。
6. 教育の整合性を強化するために，異なる専門教科の教師によって協働で行われる教育を促進するとともに，「教科」の区分を再考する必要がある。
7. 整合性の追究は，異なる専門の間の，ひいては優れたものの異なる形態の，均衡と総合の追究を伴わなければならない。特に，科学的思考に固有の普遍主義と，生活様式と文化的伝統の多元性に注目する歴史諸科学における相対主義との両立である。

このように，原則では，教育内容，教育プログラム，教科のあり方に対する漸進的な変化の大きな方向性が示されており，さらに実現のための手立てについて提案されている。そしてこれらの諸原則の総体を実行するために，全国教育課程審議会（Conseil Nationale des Programmes, CNP）がその任務を負うことが述べられている。

ブルデュー・グロ委員会に集まった各分野のメンバーを長として，①数学，②生物，③化学，④地球・宇宙物理，⑤物理，⑥経済，⑦哲学・認識

論，⑧歴史・社会史・地理，⑨言語・文学の各教科領域の専門家委員会が設置され，1989年6月から10月にかけて，それぞれの最終報告が提出された。

(2) 物理教育，化学教育の教育内容・方法の検討と改善

　ブルデュー・グロ委員会のメンバーであった，オルセー大学教授の物理学者ベルジェ（Pierre Bergé）を長として，コレージュやリセ，高等教育機関の教員，教員養成に関わる教員，視学官ら11名からなる，物理教育を担当する専門家委員会（以下，ベルジェ委員会と記述）が設置された。

　ベルジェ委員会は，1989年10月『物理教育の検討に関わる報告書（*Rapport de la mission de réflexion sur l'enseignement de la physique*）』を提出し，物理教育に関する未来への展望を示した。報告書は，前書き，一般的命題，リセ以前の物理教育，リセにおける物理教育，学業失敗の原因と対策，結論と勧告の6部で構成されている。報告書では，コレージュの物理教育の現状について，以下のように分析している[3]。

- コレージュでは，大衆のための教育が行われる。そのため，コレージュは，レベルの大きく異なる生徒を受け入れている。つまり，基本的な知識，読むこと，書くこと，計算することが習得されていない生徒が多くいるにもかかわらず，実際には，それに対する有効な支援が行われていない。
- 科学教育を担当する教員の，特に実験に関する教育が，養成段階において不十分である。
- 時間数が不十分である，もしくは，時間が細分化されすぎている。
- 1クラスの人数が2分割されていない。30人定員で実習を行うことはもってのほかである。
- コレージュの実験の環境はなげかわしいものである。物理の"コレクション"は貧困なものであり，無益に近い。実験室職員がいない。部屋には装置がほとんどなく，整理されていない。年間予算が

あまりにも少ない。
－他の教科の学習との調和，整合性が欠如している。

多様な学力を持つコレージュの生徒への対応の不十分さ，教員養成における課題，「実験科学」であるにも関わらず実験するための環境整備が不十分であること，教科間における学習内容の整合性の欠如，について指摘されている。

そして，コレージュにおける物理教育の目的として，第3級を卒業する際に，最低限の教養とされる，力，圧力，電流，エネルギーなどの知識を獲得させ，観察のセンス，手を動かすスキル，科学的で批判的な態度，実験的なアプローチである現象の質的表現や量的学習に対する習慣を養うことを挙げている。また，科学に関わる職業を想起させる必要性を述べている。これらの目的を達成するために必要とされる具体的な学習内容を提案している[4]。

最終的に，各教育段階における物理教育の分析を踏まえ，学校における物理教育改善に向けた全体の方向性について，以下の点を指摘している[5]。

－学校教育の全体の期間を通して学習される。
－抽象的，形式的，数学的な取扱いを少なくする。
－実験的な手続きをより重視する。
－現実，応用，外界と結び付ける。
－内容を軽減する（共通幹：tronc commun）。
－より野心的な内容とする（モジュール：modules）。
－自律性，創作性に富む活動を取り入れる。
－多様性に富む形式を取り入れ教育する。
－多様な方法で評価する。
－知のまとまりを明らかにする（学際性：interdisciplinarité）。
－優秀さを多様化する。

つまり，物理教育の持つ抽象的性格を減じ，学習内容を現実世界や他の教科と関係を持たせ，実験を重視しながら，子どもの多様性に応じた教育を展開することが期待されている。

　一方，化学教育については，エコール・ポリテクニク教授のマテイ（François Mathey）を長として，小学校，リセや高等教育機関の教員，視学官ら14名で構成された委員会（以下，マテイ委員会と記述）が設置された。

　マテイ委員会では，社会経済における化学の重要性，公立学校における化学についての認識状況，ヨーロッパ各国の化学教育の実情について，調査と分析を行い，その結果を踏まえて3つの提案を行っている。このうち，コレージュに関わるものとして，中等教育全体で化学の授業時数を倍増すること，実験環境を整備し実験教育と理論教育の平等化を図ること，を提案している[6]。

　このような報告を踏まえ，教育プログラム改革に向けた意見聴取が行われ，その結果，教育プログラムの内容の過重さ，重複，整合性の欠如を改善することが重要な課題とされた。

2　「教育基本法（Loi d'orientation sur l'éducation）」の制定

　1989年7月，ジョスパン国民教育大臣のもと，「教育基本法（loi d'orientation sur l'éducation；以降，ジョスパン法と記述）」が制定された。

　同法成立に至る1980年代の教育政策の動向として，アビ改革がもたらした学業失敗の大量発生への対処を目指すサヴァリ国民教育相によるコレージュの刷新，シュヴェーヌマン国民教育相によるバカロレア取得者倍増計画（80％目標）を挙げることができる。前者は改革の焦点を子どもに置き，生徒のための学校を目指したのに対して，後者は国家・経済に軸をおき，個人の成功を国家の利益に収斂させようとするものであった。一方で，両者には，ともに社会党教育政策の基本理念である「不平等の是正」を目指す点で，連続性がみられる[7]。

　ジョスパン法においても，不平等の是正に向けた施策が展開されることとなる。同法第1条では，以下のように述べられている[8]。

教育は国家の第一の優先事項である。教育の公役務は生徒・学生を起点として構想され組織される。教育の公役務は機会の平等に貢献するものとする。
　　　教育への権利は，人格を発達させ，初期教育及び継続教育の水準を高め，社会生活及び職業生活に参加し，市民としての権利を行使することを可能にするために，一人ひとりに保障される。

　このように，ジョスパン法では，生徒を教育の中心に据える，生徒中心主義といわれる理念が提示されている。この理念には，これまでの「機会の平等」に加えて，「一人ひとりの学校での成功」とそのための多様性尊重という，新たな視点が盛り込まれることとなった。つまり，真の平等化のためには，個人の社会的成功が重要な条件となり，それを導くためには教育の道筋と成功モデルが多様化されねばならず，それらは一人ひとりの多様性に応じたものになるべきであるという考え方である。教育政策における平等・個人の観点に国家・経済的観点を取り込むことにより，教育機能の重点が，個人の発揚から個人の社会の中での成功の保障へと移行することとなった[9]。

　同法に付帯して示された，1989年から1994年までの国の教育に関する政策目標を記述した報告書では，学校の役割として以下の点が挙げられている[10]。

- 学校は，知識の伝達を基本的な役割とする。
- 教育目標の検討と刷新により，責任感と適応・想像及び連帯することのできる能力を持ち，自らの個人的・市民的・職業的生活を営むことができるよう，未来の大人そして現在の大人を教育する。
- 学校は，機会均等に貢献しなければならない。
- 学校は，すべての人が自らの能力を表明し，職業生活に参入できるような，社会的に認知された資格を取得できるようにする。
- 学校は，現代社会の社会的・技術的・職業的変化に，人々が絶えず

適応できるようにする。

　このような役割をもとに，生徒が，段階をおって自己の進路を作り上げることができるようにすること，少なくとも職業適格証（certificat d'aptitude professionnelle, CAP）や職業教育免状（brevet d'études professionnelles, BEP）といった公認された教育水準に到達できるようにすること，80％がバカロレア水準に到達できるようにすることが目標とされた。そして，国際的協力及び「ヨーロッパ」の建設に向かって，教育が一層開かれたものとなることが目指されている。

　目標の実現に向けて，コレージュは以下のような任務を負っている[11]。

　　コレージュは，同一年齢のすべての子どもを受け入れる。コースを多様化させることにより，すべての生徒が第3級に到達できるようにしなければならない。コレージュは，生徒の多様性に応じた教育方法をとることによって，小学校における学習を深化させ，あらゆる形態のもとで，言語の習熟を仕上げることを任務とする。コレージュの生徒は，様々な教科目を通して，推論すること，観察することを学び，外国語で日常的な表現ができるようにするとともに，第2外国語を学び始める。
　　このような結果に到達するために，一般的知識・専門的知識・学習方法・知識の理解力を獲得すること，批判的精神を育成すること，感性と好奇心を発達させることを，コレージュの教育は含んでいる。生徒は，最初の進路計画を作り上げることになる。

　コレージュでは，生徒一人ひとりに対応する多様な教育方法を取り入れることで，すべての生徒が第3級に到達するという，成果の平等の実現が目指されていることがわかる。具体的に生徒が身に付ける内容として，言葉，知識，学習方法の習得，推論，観察の能力，批判的精神，好奇心と感性が挙げられている。

同付属報告ではさらに，ジョスパン法の基本理念を実現するための方策が具体的に提示されている。その1つとして，一人ひとりの子どもの心理的及び生理的発達をよりよく考慮することを可能にするために，学習段階の課程区分（cycle d'apprentissage）が示されている[12]。学習段階の課程区分は，心理的・教育的な現実に対応するものであり，年齢及び施設などの区分とは異なる設定となっている。

　　－前・基礎学習期……保育学校の教育
　　－基礎学習期……保育学校年長課程，小学校準備級，初級第1学年
　　－深化学習期……小学校初級第2学年，中級第1・2学年
　　－観察期……コレージュ第6・5級
　　－進路指導期……コレージュ第4・3級
　　－進路決定期……リセ，職業リセなど

　このうち，コレージュは，前半2年の観察期と後半2年の進路指導期に区分されている。学習期から学習期への移行にあたっては，教育の連続性を保障することが求められている。また，学習期の区分ごとに，教育目標と教育プログラムが定められることとなった。

3　「教育プログラム憲章（Charte des programmes）」の制定

　フランスにおいて，教育プログラムは，教育課程の国家基準として大きな統制力を持っている。教育プログラムに関する法制上の規定は，ジョスパン法第5条において初めてなされた。それは，以下のとおりである[13]。

　　　教育プログラムは，学習期ごとに，その学習期において習得されるべき基本的知識，及び理解されるべき教育方法を定める。教育プログラムは全国的な大綱であり，その枠内において，教員が，個々の生徒の学習のリズムを考慮して，教育を編成する。

続く第6条では，教育プログラムの作成にあたる全国教育課程審議会（Conseil Nationale des Programmes，以下CNPと略記）について，以下のように述べられている[14]。

　　全国教育課程審議会は，教育の全体的構想，達成すべき主要な目標，それらの目標に対する教育課程ならびに教科領域の適合性，及びそれらの知識の発展に対しての適応性に関して，国民教育大臣に対して，答申及び建議を行う。全国教育課程審議会は，国民教育大臣により任命される学識経験者により構成する。
　　全国教育課程審議会の答申及び建議は，これを公表する。

さらに同法付属報告書では，CNPについて以下のように述べられている[15]。

　　全国教育課程審議会は，その権限を果たすために選ばれた人物によって構成され，教育プログラムの作成，教育についての総合的な概念，知識の発展への適応について，勧告を作り上げる機関である。したがってこの審議会は，頻繁な改訂を避けること，及び必要な改訂の場合には，十分な準備の期間が用意されること，という二重の配慮をすることが大事である。
　　教育内容の改訂にあたっては，各教科間の関係に十分配慮することとする。

1980年代までの教育プログラムは，国民教育総視学局（inspection générale de l'éducation nationale，IGEN）を中心として，基本的に国民教育省の内部で作成されてきた。しかし，ジョスパン法の制定を受けて，1990年にCNPが設置され，さらに，教育階梯ごと，教科ごと，もしくは教科の枠組みを越えた領域について専門的に検討するための教科専門グループ（Groupe techniques disciplinaires，GTD）が組織された。ここで，教育内容

の見直しとその軽減，各教科間のより適正な配分，知の内容及び方法の進展を考慮した教科内容のあり方が検討されることとなった[16]。

1992年2月，CNPにより，教育プログラムの性格や作成手順を規定する「教育プログラム憲章」が制定された。「まえがき」では，学校での学習が，その固有の目的のみならず，若者が自分の個人的生活や職業生活を築き，責任ある市民になることを可能にするために，学校外での知識の再利用（réinvestissement）につながることを期待して，小学校からリセ最終学年までのすべての教育プログラム改訂が行われることが述べられている。そして，ジョスパン法で示された，同一年齢層のすべての者への資格の付与に向けて，生徒を教育システムの中心に据えるという目的の実現に向けた，教育プログラムの枠組みが提示されている。

憲章では，教育プログラムが，各教科及びそれぞれのレベルにおける教育契約（contrat d'enseignement）の根拠となる全国的基準であり，生徒が獲得すべきコンピテンス（compétences）を定義する役割を負っていることが述べられている。そして，教育プログラムの原理として，以下の点が挙げられている[17]。

・いかなる教科も独立して存在しておらず，より大きな1つの教科領域の中に含まれているという事実を考慮すること。
・生徒の発達の段階やリズムと教科固有の整合性，教科の垂直的な整合性と教科間の整合性を両立すること。
・レベルごとに，目指すべきコンピテンスと，その前提となる知識及びスキルのリストを作成すること。
・知的，社会的思考方法（批判的精神，知的誠実さ，好奇心，他人の話を聞くこと，議論への関心など）に意義を与える，基本的態度を生徒に伸ばすことを可能にするような学習の状況を促進するよう考案されること。
・レベルに合わない専門的な言葉を避けて作成すること。
・教科間での専門用語の使い方の違いを明確にすること。

・複数の教科で共通に取り上げられるべき部分を明示すること。

　このように，教育プログラム作成の指針として，教科の位置付け，整合性への配慮，生徒が習得すべき内容の明示，わかりやすい記述の必要性，などが述べられている。
　さらに，教育プログラムに記載されるべきものとして，目標（objectifs），知識（connaissances）とコンピテンス（compétences）が挙げられている。目標では，それぞれの学習期に固有な目標と，各教科に固有の一般的目標を示すことが求められている。そして，教育プログラムは，獲得すべき知識とコンピテンスの観点から教科内容を明示するとされている。この知識とコンピテンスについて，以下のように述べられている[18]。

　　－知識，つまり，教科固有の概念（notions et concepts）及びスキル（savoir-faire）である。ある水準あるいはある教科にあっては，実践すべき活動の種類を定めることが重要である。
　　－学年の終わりに目指される最終的なコンピテンスは，学習期の終わりもしくは教育の終わりを視野に入れて定められる。教育プログラムは，生徒が成し遂げることが期待される課業（tâches）のリストを示しながら，ねらいとするコンピテンスのレベルを決定する。

　つまり，教育プログラムには，教科固有の概念とスキル，必要に応じて学習活動を記述することが求められている。また，教育プログラムが，学習の終わりに生徒が習得するべきコンピテンスを定めるものとされている。
　これまでの教育プログラムの各教科の記述内容は，主として教科の目的と学習内容により構成されており，何を教えるかについての説明が中心となっていた。これを転換し，教育プログラムを，学校において伝達すべき知識を明確化し，教育プログラムに生徒に習得させるべき教科内容を明示するものとすることで，生徒一人ひとりの成功の実現が目指されているといえる。

4 初等・中等教育段階の科学教育に関わる提言
(1)「初等・中等学校における科学・技術教育振興に関する通達」

1991年11月,国民教育省と研究・テクノロジー省(Ministère de la recherche et de la technologie)は共同で,小学校からリセまでの児童・生徒に対して,科学的技術的教養(culture scientifique et technique)を向上させるための活動の指針を示した。その中で,科学的技術的教養はそれぞれの児童・生徒に必要不可欠な知識であることが述べられており,小学校から子どもたちに科学や技術に親しませるとともに,研究者の世界や科学や技術の活動の場を発見させることの必要性が述べられている。その実現に向けて,以下のようなアプローチが提案されている[19]。

- 研究には様々な部門があることを知る。
- 研究者や研究に関わる様々な部門の人と交流する。
- 研究活動が営まれている場(大学,産業界,研究組織,国営企業など)を発見する。
- 研究の仕事(métiers)を知る。
- 自律性と責任感,そしてグループ活動における態度を養う。
- 知識の多領域性(pluridisciplinarité)と横断性(transversalité)を重視する。

このようなアプローチは,興味や関心を喚起する教育的な活動において具体化される。具体的に,以下のことを可能にするような活動が求められている[20]。

- 科学と技術の研究の世界を発見する。
- 科学に関わる書物(記録,百科事典,雑誌など)を参照する。
- 科学的手続きに特有の方法を獲得する(観察する,分析する,実験する,表現する)。
- 製品を製作する(構想する,製作する,改善する)。

－技術や自然のリスクに関心を持たせる。
－科学と技術の社会的，経済的，倫理的側面を認識する。
－科学史に親しむ。
－科学に関わる情報の重要性を見出し，コミュニケーション（記述や視聴覚による報告）を図る。

　これらの活動を通して，地域にある施設の利用を促進したり，地域が抱える諸問題の解決に参加したりすることが期待されている。
　指針は，教科横断的な学習活動として導入されたPAE（projets d'action éducative）のテーマとして取り上げられてきた，科学的技術的教養の育成に関わる内容を，小学校からリセに至る学校教育全体に拡張し，具体的に提示したものとなっており，科学に関わる教科の学習に影響を及ぼすものとなっている。

（2）全国教育課程審議会による実験科学教育についての提言

　1992年2月，CNPは小学校からリセまでの実験科学教育に関する提言を発表した。提言では，実験科学教育の目的として，科学的知識の獲得とともに，観察，行動（agir），批判的検討といった，手続き（démarche）を重視する必要性が述べられている。さらに，実験科学に特有な質の向上に向けて，小学校とコレージュにおいて重視される，以下の3つの観点を指摘している[21]。

－新しい現象や予想外の問題に対する好奇心：観察すること，問題提起することができる。
－進取の気性（esprit d'initiative）と粘り強さ：《科学的な》（実験）もしくは《技術的な》（ものの構想と製作）計画を構想し実行する。うまくいかない場合には，現実にたちむかうことができる。
－批判的センス：困難な点を1つずつはっきりさせながら問題を考えることを学ぶ。試行したり確かめたりできる。試行錯誤しながら知

識そのものをつくる。《明らかにされた真実》を前に，受身の態度で満足しない。

また，コレージュで実施される教科「テクノロジー（technologie）」との関係を視野に入れながら，実験科学の教科のあり方について，以下のような提案がなされている[22]。

　　小学校第3学年まで－自然や技術の発見
　　小学校第4学年から第5級－科学とテクノロジーの入門
　　第4級から第2級－科学とテクノロジー
　　第1級以降－既存の教科領域

　身のまわりの自然や技術物に対して興味や関心を喚起する段階から，既存の教科の範囲へと，漸次教科の領域の分化が図られている。一方で，教育の連続性を重視し，進級や進学，新しい学習領域の始まりなどで起こりうる，学習の断絶が積み重ねられないようにすることが求められている。
　特にコレージュでは，後述するとおり，1991年入学生から第6・5級において「理化」が廃止されたことに伴い，テクノロジーと関連させて物理の入門指導を，生物と関連させて化学の入門指導を実施することが期待されている。また，実験活動を行うための十分な時間の確保が必要であることから，教科の時間数の再編が求められている。
　このように，どのように実験科学を学ばせるのか，また，科学的知識に加えてどのような手続きや態度を身に付けさせるのか，その方向性について，生徒を中心として小学校からリセまで一貫性のある構想がなされている。

第3章　生徒を中心に据えた物理・化学教育の実現

第2節　「理化」設置学年の変更

1　第6・5級における理化教育の廃止

　教育内容・方法を再検討するための体制が整備される中，1990年5月17日，ジョスパン国民教育大臣は，CNPに対して，第6級及び第5級の「理化」の是非を検討するよう指示を行った。そしてCNPにあてた書簡の中で，コレージュにおける「理化」教育の問題点について，以下のように指摘している[23]。

　　－理化教育の組織は，真の知識の発展を保障するために必要とされる，コレージュ全体を見通した整合性のあるものとなっていない。
　　－時間数や実験室の不備により，観察・実験が十分に行われていない。
　　－コレージュとリセの間で，物理と化学の教育が断絶している。

　さらに，1985年の改訂で導入された「テクノロジー」との目的や内容の重複を指摘した上で，第6級，第5級の「理化」を廃止し，第4級と第3級の2年間で集中的に物理・化学教育を実施することが妥当である旨を述べた。
　これに対してCNPは，現行の教育プログラムにおいて「理化」，「生物地質的科学技術」，「テクノロジー」の教育目的や内容の重複が存在しており，この点で不適切であることを述べた上で，「理化」の第6級及び第5級の廃止と，第4級及び第3級における授業時間数の増加の国民教育省案に同意した。その一方で，CNPは，実験科学教育の新しい構想として，最低週2時間実験が行えるよう第6級と第5級の生物の時間を増やすこと，実験室の設備の充実，実験科学，特に理化とテクノロジーの教員の養成を大学に促すこと求めている[24]。
　これを受けて，国民教育省は，1990年7月27日付け官報において，コレージュの物理・化学教育の配当時間の変更に関する省令を告示した。

その主な内容は，各学年とも週1.5時間行われてきた物理・化学教育を，1991年入学生から，第6・5級で廃止し，第4・3級では各2時間にするというものである。一方で，CNPが要求した，生物の時間増加は見送られた[25]。この措置の撤回に向け，例えば理化教授者連合は，7月から12月にかけて誌上討論や全国的なキャンペーンを展開した。しかし，結局この省令を覆すには至らなかった。

このように，第6・5級の「理化」が廃止されることとなった最大の要因は，教育的な配慮からというよりも，理科系教科を中心とする深刻な教員不足であることが指摘されている[26]。また，国民教育省がリセにおける物理・化学教育の水準の維持と向上を重視し，担当教員を高校に優先的に配置しようとしているためとの指摘もある[27]。

2　第4・3級における「物理・化学」の展開
(1)「物理・化学」の目標

第6・5級における理化教育の廃止を受けて，1991年度のコレージュ入学生から，「物理・化学」を第4級，第3級の2年間で学習することとなった。1992年には第4級の教育プログラムが，1993年には第3級の教育プログラムが告示され，その内容は物理分野と化学分野に分けて記述されている。

物理分野の教育プログラムは，ラガリーグ委員会の活動や従前の教育プログラムの方向性も加味しつつ，これまでに出されたコレージュ・ド・フランスの提言，ブルデュー・グロ委員会報告とベルジェ委員会報告，CNPの実験科学に対する提言を取り入れて作成された。教育プログラムの作成にあたっては，現状に対する以下のような批判的検討がなされた[28]。

- 現在の教育は，しばしば外界と遮断されてしまっている。
- 時としてとても形式的である。
- 教育プログラムはしばしばとても広範なものである。
- バカロレアは，理解を犠牲にしてコツの追究を優遇している。

そして，物理教育の枠組みとして，以下のような目的が示された[29]。

1. 物理教育は，未来の物理学者の養成のみに限定されるものではなく，科学的教養の初歩をすべての生徒が発達させることを求める。
2. 実験的な手続きを通して，厳格さ，科学的な方法，批判的検討，誠実さの精神を育成しなければならない。魅力的なテーマや実験を行い，好奇心をもたらさなければならない。
3. 理化において基本となる技術（techniques）を理解させなければならない。
4. 科学に関わる職業（技術者，エンジニア，物理学者，教師など）に興味を持たせるために，日常の環境や現代化されたテクノロジーに関心を持たせなければならない。
5. 科学に関する他の教科と同じ資格で，物理は政治的，経済的，社会的，さらに倫理に関わる選択に関与する。生徒がこれらの選択に対する準備をするために，物理教育は，〈科学と技術の使用方法（mode d'emploi）〉の構築に貢献しなければならない。
6. 物理教育は，自然や技術の豊かさや複雑さが，世界の整合性を表現する物理のいくつかの法則により叙述され，世界を理解することができることを提示しながら，物理が主要な教養の要素であることを示さなければならない。この精神において，いかなる授業においても，物理の概念の変遷の歴史的側面を呼び起こさせなければならない。宇宙科学である天文学や宇宙物理学も重要な内容となる。
7. 整合性のある表現は，経験に根付くことを示さなければならない。それ故に，実験的活動は必要不可欠なものである。
8. 物理教育は，物理や技術の観点で価値付けられ，分析されるような応用をもたらす。生徒は，今日見られる重要な技術の応用が研究や基本的知識のおかげであること，逆に応用が物理の研究を動機付けることがわからなければならない。医学領域における適用（血圧測定装置からNMRまで，X線や超音波断層診断装置を経て）は，社会

的な反響のためしばしば議論される。
9. 以下のことは，物理と横断的な関連がある。
物理学と生物学（医学）／物理学と地球科学（気象）／物理学と空間／物理学とコミュニケーション／物理学と音楽・創造芸術／物理学と建築（橋，エッフェル塔など）
10. 日常の環境に根ざして，物理教育において現代的な方法を利用しなければならない。コンピュータは，シミュレーションするのと同様，データの収集や処理のために好都合の道具となるだろう。直接経験に置き換わることはないが，私たちの役立つものとなるだろう。

一方，化学分野では，その目的について以下のように述べられている[30]。

1. 他の科学やテクノロジーの教科とともに，科学的，テクノロジー的手続きについて固有の方法を獲得させる。おそらく，他の教科にまして，化学では，科学的，テクノロジー的活動を用いることになる。
2. 日常生活において使われる化学製品のよい利用者である市民－消費者として，生徒を育成する。化学教育は，当然，安全についての学習，健康の維持，環境の尊重に通じるものである。
3. 化学の職業：現在不足しているエンジニア，技術者，研究者や教師といった職業のための適性を見出す。

そして，化学に関わる科学的，テクノロジー的手続きの固有な方法について，以下のような項目が具体的に説明されている。

－発見する，観察する，分析する，測定する。
－推論する：質的推論，アナロジーによる推論。
－実験する。
－モデル化する。

第3章　生徒を中心に据えた物理・化学教育の実現

－着想する，製作する，供給する：模倣，修正，発明，刷新。

　新しい教育プログラムは，CNPのもとに設置されたGTD物理及びGTD化学の構成員によって検討と作成がなされており，目標が詳細で具体的に記述されている。市民として求められる，職業や意思決定など，社会生活における選択に向けた準備として，科学の利用法を理解すること，科学に関わる職業への関心を高めることが指摘されている点に新規性が見られる。

（2）教育プログラムの記述の特色

　新たな教育プログラムでは，学習内容とともに，学習において必要とされるコンピテンスが併記されるようになった。化学分野では，実験や実習に関わる内容についての記述もみられる。例えば，第4級「化学と食物：水と飲み物」における「純物質：水」では，表3-1のように記述されている[31]。

　先の「教育プログラム憲章」において，教育プログラムでは教科内容を獲得すべき知識とコンピテンスの観点から明示することが述べられており，これに基づき教育プログラムが作成されていることが窺える。「物理・化学」の学習において生徒が習得すべき知識やコンピテンスが具体的に示されており，身に付けさせるべき内容が明確にされているといえる。また，コメントでは，指導上の留意点が示されており，他の学年での学習内容との関連が考慮されている。さらに，視聴覚教材の利用など，現代的な教育機器の導入が図られている。

表3-1 教育プログラムの記述例
－第4級「化学と食物：水と飲み物」における「純物質：水」

1.2 純物質：水	
内　容	学習に必要とされるコンピテンス
・水の状態変化 ・モデル化：分子の概念への初めてのアプローチ：水の分子構造 ・水の物理的特性 ・水の検出試験	・水が状態変化するとき，質量は変わらず，分子は保存されることを知っている ・いくつかの水の物理的特性がわかる：1Lの質量，溶媒としての特性，状態変化の温度
実験と実習	
・水とその他の無色溶液（シクロヘキサン，エタノールなど）の特性を比較する 　－同体積の質量 　－溶媒としての特性 　－状態変化の温度 ・無水硫酸銅による水の検出	・質量の測定 ・体積の測定 ・温度計を使う ・日常使うSI単位系や約数を用いて，測定結果を表現する ・水の検出試験を描写し実施する ・水の特性カードを作成する
コメント	
・水の特性の学習は，その他の無色の液体（純物質と混合物）との比較により行われる。この学習は，純物質の概念に導く。密度に関する内容は制限される：異なる液体の同体積の質量を比較する：この概念は，第3級の物理の中で取り扱われる。 ・純物質の状態変化の学習は，物質の構造についての初歩的な概念の導入を可能にする；分子は，形，大きさ，質量により特徴付けられる；簡易モデルでは，構成する原子は提示しない。 ・モデルの理解を簡単にするために，映像やシミュレーションの利用を推奨する。	

(3)「物理・化学」の学習内容

これまでの4年間にわたる「理化」の学習が，2年間に短縮されることとなり，新しい教育プログラムでは学習内容の整理，再編が行われた。週当たりの授業時間数は，それまでの1.5時間から2時間となった。物理と

化学の各分野の学習時間には，各学年ともに30時間が配当されている。学習内容の概要を表3-2に示す[32]。

表3-2　1992，1993年改訂「物理・化学」の学習内容の概要

第4級	第3級
光　（16～17時間） 　光源／光の直進性／視覚，基本的要素／幾何光学による像の形成の原理と条件 電気　（13～14時間） 　物体の帯電作用／放電：火花，閃光，雷／閉回路の電流／直流における電流の強さ／直流における電圧／アナログオシロスコープ 化学　（30時間） 　飲み物の成分／水と二酸化炭素／飲み物の味と色	日常生活における電気　（14時間） 　電圧と直流／配電した電流の電圧／電力と電気エネルギー 前進と輸送手段　（16時間） 　前進と停止／圧力と喫水 化学　（30時間） 　身のまわりの物質の特性／身のまわりの物質の化学的ふるまい／材料の選択

物理分野では，第3級「前進と輸送手段（propulsion et moyens de transport）」として，力学の取扱いが増加している。具体的内容を表3-3に示す[33]。

表3-3　第3級「前進と輸送手段」の学習内容

〈第3級〉「前進と輸送手段」
1. 前進と制動
　（1）運動の観察と表現。速度の測定
　（2）物体間の相互作用の観察と表現
　　① 力の効果の現れ
　　② 物体に及ぼされる働き：力，モデル化：方向，向き，大きさ，作用点
　　③ 離れたところの相互作用の例：重さ
　（3）前進と制動における摩擦の働き：走行，スリップ，密着。駆動輪
　（4）反作用による前進と制動：ロケット，飛行機，タコ，ホタテ貝など

2. 圧力と喫水
 （1）力と圧力の関係……力の加わる面積の重要性
 （2）平衡状態の気体の圧力の測定……大気圧，気圧計
 （3）内燃機関……気体の変化の例，気体の圧力，体積，温度の概算
 （4）水中の物体……浮力，表面積の相互作用。一直線上にある力のバランス：喫水の条件

　これまでの教育プログラムでは，力学に関する学習内容は重力のみであったが，運動，圧力や喫水が取り扱われることとなり，日常生活でみられる現象に対する解釈や，科学と技術の関わりについて，新たに内容が取り入れられている。
　化学分野では，従前では燃焼を学習の始まりとしていたが，表3-4に示すとおり，水溶液の性質の理解から身のまわりの物質へと学習が展開されることとなった[34]。

表3-4　化学分野の学習内容

〈第4級〉「化学と食物：水と飲み物」
 1. 飲み物の構成物，水
  （1）食品の中の水
  （2）純物質：水
  （3）飲料水は純水か？
   ① 炭酸水の構成物，二酸化炭素
   ② イオンの識別
 2. 水と二酸化炭素，天然物と合成物
  （1）化学の歴史
  （2）化学反応の初歩的概念
  （3）原子の初歩的モデルと化学反応のモデル化
 3. 飲み物の味と色
  （1）酸度
  （2）砂糖
  （3）香りと色

〈第3級〉「化学」
 1. 身のまわりの物質の特性とその利用
 2. 私たちの環境における物質の化学的ふるまい
  （1）酸素と物質との反応
  （2）水，酸性やアルカリ性水溶液と金属との反応
 3. 利用するための物質の選択
  （1）電気伝導性の物質
  （2）物質の開発からリサイクルへ：環境に対する影響

　これらの学習を通して，第4級では，環境に対する科学的態度が醸成されること，将来の市民と消費者を育成することが目指されている。また，第3級では，物質について，どのように同定するか，どのような特性を持つか，どこから生じたか，どのように作られるか，なぜ腐食するか，リサイクルできるかといったように，私たちを取り巻く物質について理解することが求められている。学習にあたっては，実験によるアプローチを重視し，事象を解釈するためにモデルが導入される。そして，資料の調査や活用，実験の構想と実施，結果の表現などの活動において，生徒が自律的に活動できるように支援することが求められている。

3　物理・化学教育の評価の観点
(1) 評価すべき能力
　リセの教育プログラムの刷新に向けて，中等教育段階の様々なレベルにおいて，物理・化学教育の評価に関する研究と実験的取り組みがなされてきた。これらをもとに，物理・化学教育において評価すべき生徒の能力として，表3-5に示すリストが提示された[35]。

表3-5 評価すべき生徒の能力

○理化において評価すべき能力（capacités）
　A．物理・化学に固有な知識の有無
　　1．科学的知識
　　　a）語彙，記号，単位
　　　b）物理量
　　　c）定義，法則，モデル
　　2．スキル（savoir-faire）の知識
　　　a）実験の領域において
　　　b）理論の領域において
　B．物理・化学に固有でない知識とスキルの利用
　　1．いろいろな方法による知識への接近
　　2．フランス語の利用
　　3．数学ツールの利用
　　4．表現のツールと方法の利用
　C．科学的手続きの実践
　　特に：観察と分析／物理モデルの選択もしくは構築／解決のプロセス
　　　　　の組織化／批判的判断の行使
　　1．既知の状況に類似する状況において
　　　a）実験の領域において
　　　b）理論の領域において
　　2．未知の状況において
　　　a）実験の領域において
　　　b）理論の領域において

　上述の評価項目のリストは，リセの教育プログラム改訂に合わせて公表されたものであるが，中等教育段階における物理・化学教育全体における評価の項目として位置付けられており，コレージュにおける評価にも援用されている。
　評価の観点には，科学の知識とスキルだけではなく，資料の利用，言葉や表現方法，科学的手続きの実践についての項目が設定されている。特に

科学的手続きの実践は，物理・化学教育の究極目的（finalité）であり，分野固有の知識，及び分野固有ではない知識とスキルの習得を基礎として行われるものとされている。科学的手続きの具体については，以下のように述べられている[36]。

科学的手続きの実践
○観察と分析
　　科学的手続きは，問題の設定から始まる。教育において，以下の3つの場合に分類できる：
　－実験事実を観察し，分析する
　－科学もしくは技術に関わる文献を読み，分析する（例えば，練習問題文，雑誌や教科書から引用された文章）
　－技術物の働きを観察し，分析する（例えば，カメラ，自転車）
　　観察によりパラメータを引き出し，分析によりその選別と選択を進める。この分析は，既知の知識に適用され，類推によって行われる。
○物理モデルの選択もしくは構築
　　定性的解法と数学的取扱いでは，モデルの利用を必要とする。仮説に応じたモデルを構築するためには，物理・化学の固有な知識のよりよい習得が必要であり，困難さを伴うものである。モデル構築の能力の評価が困難であれば，生徒に既知のモデルから選択させたり，その選択を正当化したりする；より簡単には，所与のモデルの有効性の限界を明確にすることを求めることができる。
○解決のプロセスの組織化
　　スキルのこの側面を基本的に特徴付けるもの，それは決定における自律性である。生徒は，与えられた問題を解決するため，結論を引き出すための〈テクニック〉を決定する。そのために，既に学習したスキルから選択し，それらを組織化する。

○批判的判断の行使

　　これは，結果，一連の測定，実験，器具の利用などにおいて実施されうるものであり，科学的手続きの実践の中でより重要な側面である。より一般的な物理・化学教育の目的である，責任ある市民の育成への参加につながる。

　評価の具体的な内容は，学年に応じて設定されるものであり，表3-5に示されたA～Cの各項目の配分について考慮することが求められている。

(2) 実験に関わるコンピテンスの評価

　実験に関わるコンピテンスの評価は，理論的な能力の評価が記述式の試験で行われるのとは異なり，記述したものだけで判断することはできない。その評価は，問題を実験により解決しているとき，実際に操作しているときに，生徒を観察することにより行われるものである[37]。このような考えに基づき，GTD化学が提案している評価の事例を表3-6に示す[38]。

表3-6　実験に関わるコンピテンスの評価事例

第4級「化学」－飲み物の味と色；砂糖 溶液の準備：60g/Lの濃度の砂糖（サッカロース）水溶液を25mL準備する。	
活　動	評価されるコンピテンスと能力
1. この水溶液をどのように準備するかについて図を用いて説明する。	・実験の手順がわかる（C）。 ・図で表現する（B）。
2. 必要な器具のリストを作成する。	・適切な器具を選択する（C）。
3. 使う砂糖の質量を決定する。 　①準備する溶液の体積をLで表す。 　②溶液の濃度の定義を想起する。 　③溶液をつくるのに必要な砂糖の質量を計算する。	・単位を換算する（B）。 ・溶液の濃度の定義を知っている（A）。 ・簡単な場面で定義を使うことができる（C，B）。
4. 溶液をつくる。	・天秤を使う（A）。 ・目盛付き試験管を使う（A）。

注）A：理化固有の知識，B：理化非固有の知識とスキル，C：科学的手続き

評価すべき能力のリストに示された3つの項目に即して，実験操作の中で，順をおって評価項目が具体的に設定されている。教育プログラムには，実験や実習に関わる内容とそれに必要とされるコンピテンスが具体的に示されており，この内容を視野に入れた評価が実施されると考えられる。

第3節　第5級からの「物理・化学」の実施

1　「学校改革のための新しい契約（Nouveau contrat pour l'école）」

1994年6月，「学校改革のための新しい契約（Nouveau contrat pour l'école，以下「契約」と略記）」が発表され，初等教育から中等教育に至る学校改革の具体的な措置が総合的に提示された。その意図は，特に若者の失業問題とのかかわりの中で，学校の質がフランスにとって他の優先政策に先駆けての第1位の事項であり，学校の目的は，特に恵まれていない階層の者に，教育機会の均等を取り戻すことにあるとされている[39]。「契約」は，全6部で構成されており，趣旨に関わる文章と158の項目が示されている。

第1部では，「学校の果たす役割を明確にし，修学を強化すること」として，フランス国民に学校の果たす役割を知らせること，それぞれの教育階梯においてわかりやすい教育目標が定められることが述べられている。特に，教育プログラムの方向性について，以下のような記述が見られる[40]。

　○小学校とコレージュ：基礎的学校
　　・教育プログラムにより，それぞれの生徒が初等学校及びコレージュを修了する際に到達すべき水準を示す，簡単な目標のリストが決定される。
　　・コレージュを修了する生徒が到達すべき知識とスキルの目標が，明確にされる。
　○教育プログラム：軽減と整合性の追究
　　・新しい教育プログラムは，学習期との整合性を図りながら，軽減され，基本的知識（savoirs essentiels）に重点が置かれる。

・コレージュの教育プログラムは，基本的事項の習得を優先する。
　　　　それは，要点（essentiel）に集中される。教科のよりよい整合性
　　　　が追究される。
　　○すべての人がアクセスできる教育プログラム
　　　・小学校及びコレージュにおいて，児童・生徒の保護者は，学年の
　　　　はじめに，教育プログラムの内容とその目的について知らされる。
　　　・教育プログラムの簡易版が，コレージュとリセの生徒に伝えられ
　　　　る。

　教育プログラムによって児童・生徒が習得すべき知識と能力の到達目標が定められること，義務教育段階ではその内容は基本的なものに限定されること，学習期と教科間の整合性を持つよう配慮すること，などが述べられている。また，学校教育に関係するすべての人に，教育プログラムの内容が明らかにされることが示されている。これは，先にCNPにより提示された教育プログラム憲章の内容を反映するものとなっている。
　第2部では「不平等とたたかい，基本を優先する」として，学校における不平等を是正するために，フランス語，個人の学習方法，読み・書き・計算，個人生活及び社会生活の目標などの，基本の習得を目指すことが述べられている。特筆すべき点は，すべての教育階梯の教育プログラムに「学ぶことを学ぶ（apprendre à apprendre）」ための方法を導入することと，市民性教育（éducation civique）を実施することである。「学習することを学習する」ための方法論として，学習の組立て方，記憶したり大切なことを識別したりする能力の獲得に重点がおかれている。市民性教育については，単に社会の制度や仕組みを学ぶだけではなく，社会生活及び職業生活，健康，環境について，その市民としての権利と義務を学習することとされている[41]。また，身体表現，保健体育，テクノロジー，実験科学は，児童・生徒の知的，道徳的発達（développement intellectuel et moral）を促すものであることが示されている。このことは，科学教育における児童・生徒による実験や実習などの活動の果たす役割として捉えることができる。

第3章　生徒を中心に据えた物理・化学教育の実現

　第3部では,「多様性を受け入れ促進する」として, 教育機会の平等は, 違いを尊重することにあり, 生徒一人ひとりに適したコースや教育的対応を施す必要性について述べられている。つまり, 平等と多様性の結合であり, ジョスパン法において想起された, 教育制度の中心に生徒を据える発想に対する具体的な条件整備が示されている。このうち, コレージュの改革について, 以下のように述べられている[42]。

　〇コレージュの新しい組織
　　・コレージュの新しい組織は, 第3級に至るまでに, すべての生徒に成功の筋道（parcours de réussite）を提供すること, 他方で困難に陥っている生徒に適合した解決を提供することの, 2つの要請に応える。
　〇コレージュの3つの学習期
　　・コレージュの教育組織は, 今後3つの学習期で構成される。すなわち, 第6級は観察及び中等教育への適応期（cycle d'observation et d'adaptation）, 第5・4級は深化学習期（cycle des approfondissements）, 第3級は進路指導期（cycle d'orientation）として, その役割を効果的に果たすようにする。
　〇第6級における学習の強化
　　・第6級では, 困難に陥っている生徒がそれぞれの個別の水準で再び学習をすることができるよう, 目的を持った補強措置がとられる。基礎学習に重点を置く教育は, 生徒数を少なくして行われる。これは, 生徒を第6級へのよりよい参入, もしくは第5級への進級を可能にするためである。
　〇コレージュの多様化したコース
　　・第5級から, コレージュの新しい組織は, 生徒に多様化したコースの可能性を提供する。これらのコースは, その価値を見定める生徒たちの希望と適性を考慮に入れなければならない。コレージュは, これらの多様な形態を十分に活用することのできない生徒

139

のために，様々な教育措置を提供することができる。
○第3級における進路指導
・第3級は，進路指導教育，つまり進むべき進路と職業に関する情報収集による，リセにおける普通教育，技術教育または職業教育への準備期間となる。

　これまでのコレージュの前半2年間を観察課程，後半2年間を進路課程とする制度を改め，1－2－1年の3つの学習期に区分することで，コレージュにおける個々の生徒の多様性に対応する教育の実現に向けた各学習期の役割が明確にされている。
　第4部では「新しい管理政策：学校現場を信頼する」として，学校や教職員，そして学校機構のあり方についての規定が述べられている。また，第5部と第6部では，「未来に向けて」，「新しい契約の適用実施」として，改革の諸措置について再び整理して述べられている。
　「契約」は，これまでの改革を補完しつつ新たな視点を加えたものとなっている。示された項目の多くは，1995年から本格実施されることとなった。

2　「物理・化学」の目標

　「契約」に基づき，コレージュでは1995年度から，第6級の観察・適応期，第5・4級の中間期，第3級の進路指導期の1－2－1年に学習期が区分されることとなった。それぞれの学習期に対応して教育プログラムが作成されることとなり，「物理・化学」は，第5級からの3年間で実施されることとなった。
　教育プログラムの改訂にあたっては，上述の「契約」により規定された原則と，CNPが1994年12月に示した「コレージュの教育プログラムに関する指導理念（Idées directrices pour les programmes du collège）」をもとに，作業が行われた。その方向性は，①コレージュの学習においてすべての生徒に保障すべきものは何かを明確にしつつ，学習内容を軽減し，基本

第3章　生徒を中心に据えた物理・化学教育の実現

的な内容を中心とすること，②学習内容を階層化し，教科内で整合性を持たせること，③教科間のつながりを明らかにし，学習の統一性を持たせること，などである。このような方針のもとで教育プログラムを作成することにより，すべての生徒に真の普通教育の基礎となる知識とスキルを身に付けさせ，コレージュを「一人ひとりの生徒のためのコレージュ（un collège pour chacun）」にすることが目指されている[43]。

「物理・化学」の教育プログラムの改訂は，このようなコレージュ改革の論理を背景としつつ，小学校及び第6級の教育プログラムとその実態を考慮しながら，以下の方針のもとに行われた[44]。

- 必要不可欠とされる教育を中心とし，知識とコンピテンスの最も大切な基礎（socle minimal de connaissances et de compétences）とすること。
- 教科の特殊性や他の教科に対する貢献を示しながら，他の科学に関わる教科と物理・化学教育との関連を強調すること。
- 自然界を構成しており，環境についての合理的で総合的な見方を可能にする，物理・化学的な現象の奥深いまとまりについて強調すること。

小学校の「科学とテクノロジー（sciences et technologie）」では，テーマの形による科学教育が行われてきている。また，第6級では，「生命・地球科学」，「テクノロジー」や「数学」，さらに「地理・歴史」，「公民教育」において，環境に関わる学習が行われてきている。第5級から始まる「物理・化学」は，これらの学習の上に展開されることとなる。

「物理・化学」の教育プログラムでは，コレージュのみならずリセをも見通し，目標（objectifs）について，以下のように述べられている[45]。

1. 将来の物理学者や化学者の養成に限らず，現代社会において必要不可欠な科学的教養（culture scientifique）の基本をすべての生徒に

育成する。
2. 実験的手続きにより，厳密さ，科学的な方法，批判的検討，理知的な誠実さのセンスを育成しなければならない。そして，魅力あるテーマや実験によって，好奇心をかき立てなければならない。
3. 物理・化学教育は，定量的かつ定性的な論理を持って育成されなければならない。物質とその変化の学習は，定性的論理の領域である。定性的取扱いは，簡単な解決にはならない。適切な論理で計算させることは，より簡単である。
4. 特に物理と化学に基盤をおく技術（techniques）に対して，開かれなければならない。
5. 科学に関わる職業（技術者，エンジニア，物理学者，教師など）に興味を持たせるために，日常の環境や現代化されたテクノロジーに対して動機付けしなければならない。
6. 物理と化学は，他の科学の教科と同様に，政治，経済，社会，さらに倫理に関する選択に関わる。物理・化学教育は，生徒がこれらの選択に対して準備するために，〈科学と技術の使用方法〉の構成に貢献しなければならない。
7. 物理・化学教育は，世界を理解することができることを示しながら，物理と化学が必要不可欠な教養の要素であることを示さなければならない。自然や技術の並はずれた豊かさと複雑さは，世界の整合性のある描写をなす不変的な数少ない法則により記述することができる。この精神から，考え方の変遷の歴史的側面を求めなければならない。宇宙科学である天文学や宇宙物理学も重要な内容となる。
8. 整合性のある表現は，経験に根付いていることを指摘しなければならない。それ故に，実験活動は必要不可欠なものである。
9. 物理・化学教育は，応用に関わっている。生徒は，研究と基礎的な知識をもとに，必要不可欠な技術の応用が日の目を見たのであり，応用と研究は，互いに，動機となりうることを知らなければならない。

10. 日常生活で利用される化学物質や技術製品のよい利用者として，市民 – 消費者を育成しなければならない。物理・化学教育は，安全，健康維持，環境の尊重につながる。
11. 日常の環境に根ざして，現代的な手段をさらに利用しなければならない。コンピュータは，シミュレーション同様に，データ入力やデータの処理に最適な道具である。直接経験に取って代わるものではないが，利用可能なものである。

　「物理・化学」の学習を通して，すべての生徒に，将来における科学に関わる職業や問題に対する選択に必要となる，科学的教養を身に付けさせることが目標とされており，科学の利用者としての市民を育成することが目指されている。学習の過程においては，実験的手続きを通して科学的態度を養うとともに，技術との関わりや，科学について学ぶことが求められている。

　さらに，教育プログラムでは，他教科との関わりについて，以下のような指摘がなされている。例えば，資料を用いた活動の実践，報告書の作成，正確に定義された言葉を用いた論証は，フランス語の教育に貢献する。実験に基づく活動は，論理的な思考を発達させることにつながる。また，測定値の取扱いや，大きさを表すための10の指数の利用などは，数学に関係している。そして，「物理・化学」の基礎科学としての性格から，「生命・地球科学」や「テクノロジー」の学習に対して，必要とされる概念を提供する。このように，「物理・化学」の独自性を尊重しながらも，それを独立して取り扱うのではなく，他教科との関わりを提示することで，学習のまとまりの中に物理・化学を位置付ける姿勢がみられる。

3 「物理・化学」において育成されるコンピテンス

　「物理・化学」の教育プログラムは，活動事例（exemple d'activités），内容 – 概念（contenus-notions），コンピテンス（compétences）の3つの欄に分けて記述されている。例えば，第5級で実施される「私たちの環境にお

ける水」の最初の項目では，表3-7のように記述されている[46]。

表3-7 教育プログラムの記述例－第5級「私たちの環境における水」

活動事例	内容－概念	コンピテンス
水はどこにあるか？環境や食物の中で，水はどのような役割を果たしているか？	生物圏における様々な状態の水の偏在	・科学に関わる資料から情報を抜き出すこと
資料学習： ・地球の《水の循環》 ・地球外の水 （様々な資料から状態変化と物質の保存の前提を導入）	地球上の水 [地理：水] 物質の状態へのアプローチ [テクノロジー：物質] 温度と圧力の概念の利用	・水の3つの状態（固体，液体，気体）がわかる；例証することができる
慣れ親しんだ固体と液体の観察	それぞれの状態の特徴的な性質	・明らかにする： －固体の水（氷）の形 －他の液体同様，液体の水の形の欠如 －静止状態の水面の水平性 ・水の確認実験の描写と実施
無水硫酸銅による水の確認実験	水は，飲み物や生き物の構成物である [SVT：生命に関わる水の役割]	・水を含むものと含まないものを識別する ・水の《識別カード》の要素を与える

　記述内容から，「コンピテンス」では，学習の後に生徒ができることが示されていることが窺える。ここに記述された内容に加えてさらに，第3級の終わりに生徒ができなければならない横断的なコンピテンス（compétences transversales）として，表3-8に示す内容が挙げられている[47]。

表3-8 第3級の終わりに生徒に必要とされる横断的なコンピテンス

- データからデカルト座標のグラフを作成する。
- 与えられたグラフを解釈する。
- 実施した実験を図にする。
- 図で示された実験を実施する。
- 一般化された記号を使って簡単な電気回路の図をかく。
- 一般化された記号から簡単な電気回路をつくる。
- データを含む簡単な文書を読み，適切な情報を抜き出す。
- 論述する際に，適切な接続詞を用いる。
- 教師の指示のもとに行われる実験で，結論に到達するために，論理的な議論を行い，繰り返す。
- 提示された科学の問題を解決するための実験方法を説明する。

つまり，学習内容の説明で示された知識に関わる内容に加えて，実験のスキルを身に付けることが求められている。

学習活動の展開にあたっては，実験計画の立案やグループ活動の実施，他者の考えや意見の尊重など，創造性と責任感を柱とする自主性，協調性を育成するための援助を行うことが教師に求められている[48]。

4 「物理・化学」の学習内容

教育プログラム改訂の方向性として，学習内容を軽減し基本的な内容とすること，教科内で整合性を持たせること，教科間のつながりを明らかにすること，などが示されている。「物理・化学」では，第4級において十分に取り扱われていない電気の放電，イオン，pH，像の形成を第3級に統合するとともに，第3級で実施されてきた「前進と輸送手段」，「身のまわりの物質の化学的ふるまい」「電気と日常生活」の学習内容の軽減が図られた。第5級から授業開始に伴い授業時間数が増加したことから，物理・化学の学習内容は，従前のものに比べてゆとりを持った構成となっている。学習内容の概要を，次ページの表3-9に示す[49]。

表3-9　1995年改訂「物理・化学」の学習内容の概要

第5級・第4級	第3級
A. 身のまわりの環境の発見，物質	Ⅰ 日常の物質
1 身のまわりの水　　　　（20時間）	A. 物質の特性
2 私たちを取り巻く空気；酸素	1 様々な物質：梱包材の例（4時間）
（10時間）	2 物質と電気　　　　　　（6時間）
3 身近な環境－総括　　　（2時間）	B. 物質の化学的特性
B. 光　　　　　　　　　　（16時間）	1 空気と物質の反応　　　（8時間）
1 光源	2 液体と物質の反応　　　（9時間）
2 光の直進	C. 環境の中の物質　　　　（3時間）
3 目，光検出器	1 物理・化学教員による学習活動
C. 電気回路　　　　　　　（12時間）	2 生命・地球科学教員との協働学習
1 閉回路の電流	Ⅱ 身のまわりの物理的な環境
2 閉回路中の電圧の強さ	A. 運動と力　　　　　　　（10時間）
	B. 電気と日常生活
	1 抵抗の概念　　　　　　（4時間）
	2《交流》　　　　　　　　（6時間）
	3 家庭内の電気設備　　　（6時間）
	C. 光と像　　　　　　　　（4時間）

　教育プログラムには，各学習内容に配当する学習時間の目安が示されている。学習活動の展開は，教育プログラムの記述の順に進められる必要はなく，教師の教育の自由が保障されている。

　例えば，第5級・第4級の「身のまわりの環境の発見，物質」では，単元全体の目標について，以下のように記述されている[50]。

・実験の態度と平行して，観察と熟考の能力を伸ばす。
・学校教育にふさわしい，合理的な知識を与える。
・観察や科学的手続きから，学問（disciplines）として物理や化学がどのように作り上げられているかを示す。
・他の科学やテクノロジーに関する教科が，合理的な方法で作られた知識の基礎（socle de connaissances）をよりどころとすることを可能にする。

・環境についての理解の要素を与える。

　科学的知識や観察，実験に関わる能力の習得に加えて，科学的手続きに基づく学習により，科学自体がどのようなものであるかを認識させ，他の教科との関わりや環境問題の理解に向けた学習活動を展開することが目指されていることがわかる。具体的な学習内容は，表3-10に示すとおりである[51]。

表3-10　第5級・第4級「身のまわりの環境の発見，物質」の学習内容

1. 身のまわりの水
  （1）どこで水を見つけられるか？私たちの環境や食物において，水はどのような役割を果たしているか？
  （2）どのようにして〈澄んだ〉水を得るか？澄んだ水は純水か？
  （3）水を加熱したり冷却したりするとどうなるか（大気圧下で）？
  （4）水に何でも，どんな量でも溶かすことができるか（砂糖，塩，砂など）？
  （5）水に他の液体を混合することができるか（アルコール，油，石油など）？
  （6）分子：理解するためのモデル
2. 私たちを取り巻く空気：酸素
  （1）私たちが呼吸する空気には何が含まれているか？空気は純物質か？
  （2）空気には固有の体積があるか？質量があるか？
  （3）燃えるとは何か？
  （4）原子，化学反応を理解するためのモデル
  （5）どのように酸素を得るか？
  （6）天然物と合成物
3. 身近な環境－総括

　また，続く第3級における物質に関わる学習では，日常の環境における物質の多様性や，その特性の多様性に関心を持たせるために，食品の梱包材を事例として取り上げながら，物質の性質について理解を深めるものと

なっている。具体的には，表3-11のような学習内容が展開される[52]。

表3-11　第3級「日常の物質」の学習内容

A. 物質の特性
　1. 様々な物質：梱包材の例
　　（1）物質をどのように区分するか？そのように選別するか？
　2. 物質と電気
　　（1）金属や水溶液における電流とは何か？
B. 物質の化学的特性
　1. 空気と物質の反応
　　（1）鉄がさびるとき何が起きるか？
　　（2）その他の梱包材はどうか？アルミニウムの事例
　　（3）金属を燃やすことはできるか？
　　（4）梱包材を危険なく燃やすことはできるか？
　2. 液体と物質の反応
　　（1）金属は酸性水溶液や塩基性水溶液と反応するか？
　　（2）反応前後に存在するイオンをどのように明らかにするか？
　　（3）鉄と塩酸の反応をどのように解釈するか？
C. 環境の中の物質（選択）
　1. 物理・化学教員のみによる学習活動
　2. 生命・地球科学教員と協働の学習活動

「環境の中の物質」では，調査，訪問，研究発表，ビデオ製作，展示準備といった活動に，それまでの学習で得た知識を活用することがねらいとされている。物理・化学教員のみで実施する学習，もしくは生命・地球科学教員と協働して実施する学習を，教員の裁量により選択することとなっている。物理・化学教員のみで実施する学習では，金属，ガラス，プラスチックなどがどのように作られるのか，物質の精製に関わる環境問題をどのように制限しているのか，物質の利用がどのように進歩してきたか，といったテーマが例示されている。

　一方，生命・地球科学教員と協働して実施する，環境問題に関わる学習

では，実施可能なテーマとして，酸性雨，温室効果，オゾン，物質のリサイクルなどが挙げられている[53]。酸性雨の学習について，教育プログラムの付随資料では，表3-12に示す展開が例示されている[54]。

表3-12 「酸性雨」の学習展開事例

○関係する第3級の学習内容
　－生命・地球科学：人間の責任：健康と環境
　－物理・化学：空気の組成，原子の保存，化学反応，pH，環境における物質
　－公民：環境
○目的
　－環境に関係する現象の原因と影響を識別する。
　－人間活動の影響に関する責任の科学的な基盤を議論する。
○学習活動の展開
　1. 酸性雨の起源（物理・化学の授業）
　　・酸性雨……定義／溶液のpH測定／酸性雨のもとになる気体
　　・水に溶解した気体……実験：炭素と硫黄の燃焼，発生した気体の水への溶解，得られた水溶液のpH測定
　　・窒素酸化物と硫黄酸化物……石油製品の燃焼，空気中の窒素の酸化／汚染気体に関する資料分析：自然界での窒素酸化物，硫黄酸化物の発生
　　・大気中の汚染物質の循環……大気中の汚染物質の移動／等pH図の学習
　2. 酸性雨と環境（生命・地球科学の授業）
　　・生物への酸性雨の影響……植生への影響／資料分析：酸性雨に影響を受けた植物／湖の生物への影響／資料分析：様々な種への水のpHの影響
　　・建物への酸性雨の影響……岩石の侵食／大気中の酸による侵食の促進／実験：様々な岩石と酸の反応／観察：変質した石像の写真と文章
　3. 酸性雨を制限するための方法（物理・化学の授業，生命・地球科学の授業）

149

>・燃料の脱硫……資料の分析：ラック（Lacq）の硫黄プラントの事例
>・燃焼時の粒子の除去……資料による学習：自動車のフィルターとトラップ
>・汚染気体の化学変化……触媒による汚染気体の除去の仕組みの学習
>・工場から排出される気体の汚染物質除去……実験：気体の洗浄
>・石灰撒布……土壌・湖への撒布／土壌でのイオン交換のモデル化／資料の分析：ソローニュ（Sologne）池での石灰撒布
>
>○結論
>－酸性雨は，人により生み出された大気汚染の1つの局面でしかない。
>－環境に対する酸性雨の影響は，乾燥，雨量測定，土壌の性質，オゾンなどの要因とも関わるだけに，より重大である。
>
>○評価
>2つの教科において，科学に関わる資料から問題提起できる

「物理・化学」，「生命・地球科学」における学習事項と関係させながら，環境に関わる問題を多角的に分析する学習活動が企図されていることが窺える。

「物理・化学」の物質に関わる学習の事例分析から，生徒に身近にある事象に興味・関心を持たせ，疑問を見出し，疑問を解決するために学習活動が展開されており，学習内容が生徒を中心として構想されていることがわかる。学習活動の展開にあたって，他教科との関連を視野に入れることが求められており，単元の最後には，総括として環境と結び付け，それぞれの学びを活用する場面が設定されている。このように，「物理・化学」の学習を学校の中での学びにとどめることなく，身のまわりの事象に対する合理的な見方を漸次育成していくことが目指されているといえる。

第4節　教科書にみられる「物理・化学」の特色

1　教科書に対する考え方

　コレージュの新しい教育プログラムが実施に移された1996年，国民

教育省，教科書出版連盟（Savoir Livre），国立教育資料センター（Centre national de documentation pédagogique），国立教育研究所（Institut national de la recherche pédagogiques）の協力のもと，『教科書を選ぶ（*Choisir un manuel: Un enjeu pédagogique*）』と題した手引書が作成された。手引書では，教科書に求められる機能について，以下の点が指摘されている[55]。

○多機能の教材が同時に有している機能
　　知識の伝達／動機付け，感性の刺激／才能や能力の伸長／知識の統合と強化／評価への利用／再検討と理解の深化／自主性の育成／改善の方略の提示
○複合的用具が同時に有している機能
　　教育内容の保持／資料の資源／教育方法上の手引／問題練習帳／リファレンスツール
○教科書の使用場面
　　教師による授業の準備と活性化／授業の各段階における利用－導入（資料への着目，導入的な練習問題など），展開（帰納的活動，情報の伝達，知識の構成など），まとめ（応用練習問題，確認問題，評価など）／共同制作を目的とする児童・生徒のグループ活動／児童・生徒の家庭での学習活動
○教科書の文化的機能
　　民主的なツールとして，すべての家庭に入り込む。／自立的学習への入り口となり，自分で資料を探すことを学ぶ。／社会的参入の要因として，共通の教養を持たせることに貢献する。／最初の書物として，活字文化に至る手段となる。

　教科書は，教育プログラムと整合性を持つ学習内容を提示するだけではなく，資料集，問題集，指導のための手引書としての役割を担っていることがわかる。さらに，本としての文化的な機能を持つものとしても捉えられている。

また，1998年に出された国民教育総視学局（inspection générale de l'éducation nationale, IGEN）の報告書『教科書（Le manuel scolaire）』では，教育プログラムと教科書の関係について，以下のように述べられている[56]。

> フランスは教育プログラムに対して非常に中央集権的で強制的な考え方を有している。視学団の職務の1つは，その厳格な実施に気を配ることである。しかし，出版社はまったく自由に教育プログラムを解釈し，教科書に代表される教材の選択は教員の責任である。1世紀を超えるこの原則は，第3共和制期における確立から，ヴィシー政権期を除き，問い直されることはなかった。教育プログラムは全国的なものであり義務的である。なぜならば，教育の平等の原則が制度の基礎となっているからである。教科書の選択は，教育の自由の象徴として教員に委ねられている。

　このように，フランスにおいて教育プログラムは絶対的なものであり，そこに定められる内容は必ず教えられなければならない。しかし，教科書は，教育プログラムの枠内で自由に作成される。また，教員には教育方法の自由が保障されていることから，教科書の選択が教員集団に委ねられており，授業での教科書の使用も自由となっている。

2　「物理・化学」教科書の構成

　1995年から学年進行で改訂された教育プログラムに対応する教科書は，1985年の教育プログラムに対応した教科書と比べると，学習内容の説明を中心とする記述から，学習者の興味や関心を喚起し，学習内容を日常生活と結び付ける記述へと変化してきている。特に，単元の導入，学習内容に関わり提示される資料の内容などに特色が見られる。
　例えば，Hachette社の教科書では，単元のはじめの2ページは，扉として，単元名，単元を紹介する全般的な問題，学習の目的，単元に対応した写真資料とそれに対応する疑問が提示されている。第5級の「水の状態変

化」では，表3-13に示す問題提起がなされている[57]。

表3-13 第5級「水の状態変化」の単元の扉にみられる問題提起の事例

6 水の状態変化
○全般的な問題
　水のいろいろな物理的状態とは何だろうか？
　状態変化のとき，質量と体積はどのように変わるだろうか？
○学習の目的
　・以下のことができる。
　　－いろいろな水の状態の変化に名前をつける。
　　－状態変化のとき，水の質量は一定であることを明らかにする。
　　－水の状態変化を水の分子により解釈する。
○写真資料
　A（雪の結晶）雪の結晶を作っている物質は何だろうか？
　B（つらら）つららはどのように生まれ，消えるのだろうか？
　C（洗濯物）なぜ洗濯物は空気中で乾くのだろうか？
　D（原子力発電所の煙突からでる煙）原子力発電所の冷却塔の上の白い煙は何だろうか？

　単元の導入にあたり，これから何を学習していくのか，学習の目的が明示されている。提示された学習の目的は，教育プログラムのコンピテンスの欄に記述された内容に対応したものとなっている。そして，日常生活や身のまわり事象の写真資料により，単元の学習に関わる疑問を喚起している。
　次に，講義（cours）として，続く3ページで，表3-14に示す学習内容の説明がなされている[58]。

表3-14 第5級「水の状態変化」における講義の内容の事例

1．液体の水，固体の水
　1.1 液体の状態から固体の状態へ
　　……液体の状態から固体の状態への物質の変化を，凝固という。

1.2　固体の状態から液体の状態へ
　　　　……固体の状態から液体の状態への物質の変化を，融解という。
　2.　液体の水，水蒸気
　　2.1　液体の状態から気体の状態へ：蒸発／沸騰
　　　　……液体の状態から気体の状態への物質の変化を，蒸発という。液体の蒸発は，蒸発もしくは沸騰により起こる。
　　2.2　気体の状態から液体の状態へ
　　　　……気体の状態から液体の状態への物質の変化を，凝縮という。
　3.　状態変化における質量と体積
　　・質量は変わるか……状態変化のとき，物質の質量は変化しない。
　　・体積は変わるか……状態変化のとき，物質の体積は変化する。
　4.　粒子モデルによる状態変化の解釈
　　　　……純水は，すべて同一の分子でできている。
　　4.1　固体の状態から液体の状態へ
　　4.2　液体の状態から気体の状態へ
　　　　……状態変化では，分子の数は変わらないので，質量は保存される。

　写真や図を提示しながら各項目の説明が行われており，扉のページで取り上げた写真資料の疑問に対する答えも提示されている。そして，最後に学習内容に関わる重要な概念のまとめが記載されている。学習内容は，スモールステップで順序だてて展開されており，扉のページに示された目的に沿ったものとなっている。

　続くページには，例えば健康，安全，環境，生命・地球科学や歴史など，学習内容に関わる他領域の資料と問いが，1ページで提示されている。「水の状態変化」の単元では，「宇宙空間における水」と題して，天文学者が地球外生物を探すため，太陽系における水の検出を試みてきたことが示されている。このような資料を示すことで，学習内容を他の領域と関係付けるとともに，様々な視点から考えることができるようになっている[59]。

　さらに，「方法（fiche-méthode）」として，実験方法や活動方法に関する説明が約1ページで示されている。第5級の物質の学習では，資料の活用と情報収集の方法，メスシリンダーによる液体の体積の測定方法，電子天

秤による液体の質量の測定方法，クロマトグラフィーの原理と方法，水上置換による気体の捕集方法，蒸留水のつくり方，グラフのかき方，水の蒸発に関する比較実験といった内容が取り扱われている。つまり，単元の学習において必要と考えられるスキルや，実験方法とその解釈の仕方について学ぶことができるようになっている。

最後に，学習内容を確認する問題，学習内容を適用することで理解を深める問題，習得した知識を利用する問題に分けて，練習問題が提示されている。「水の状態変化」における各レベルの問題の事例を，表3-15に示す[60]。

表3-15 第5級「水の状態変化」における練習問題の事例

〈学習内容を確認する問題〉
○以下の文章を書き写し，適語を入れて完成させなさい。
・＿＿＿の状態から液体の状態になることを凝縮という。
・固体の状態から＿＿＿の状態になることを融解という。
・＿＿＿の状態から＿＿＿の状態になることを蒸発という。
・＿＿＿の状態から＿＿＿の状態になることを凝固という。

〈学習内容を適用する問題〉
○（状態変化を理解する）適切な語を選択しなさい。
・液体が凝固するとき，温める／冷やす しなければならない。液体が蒸発するとき，温める／冷やす しなければならない。
・固体が融解するとき，温める／冷やす しなければならない。気体が凝縮するとき，温める／冷やす しなければならない。

〈知識を利用する問題〉
○（状態変化を識別する）それぞれの場合において，蒸発，凝縮，凝固，融解のどれかを示しなさい。
a) 風の日に，洗濯物は早く乾く。
b) とても寒い日に，水たまりが凍っている。
c) 時々，窓ガラスが水滴でおおわれる。そこに絵をかくことができる。
d) 冬のある朝，車の窓ガラスに霜がおりている。
e) しばしば，氷河から水が流れでてくる。

155

この他に，学習内容を適用する問題では，蒸発の2つのタイプの識別，実験の分析と解釈，粒子モデルの利用について，知識を利用する問題では，質量や体積の保存，水蒸気と湯気と煙の識別，粒子モデルの利用，私たちの環境の理解，気象学用語の説明，実験の実施と活用，科学に関わる文章の検討について提示されており，多岐にわたる問いが準備されている。すべての問題が授業において取り扱われるわけではないが，学習したことを活用し，異なる文脈の問題を解くことで，知識の定着と一層の理解を図ることができると考えられる。

　一方，Bordas社の教科書では，単元の内容は表3-16に示すように構成されている[61]。

表3-16　Bordas社の教科書の単元構成の枠組み

○章の扉……単元の学習を始める前に（2ページ）
　・単元に関わる問題を提起するための導入
　・単元に関わる，日常生活に見られる写真資料と疑問
　・達成すべき目的
○活動……目的を達成するために（2ページまたは4ページ）
　・写真や図により示された実験
　・実験における観察と描写の能力を発展させるための質問
　・実験を行う上での注意点の明示
○講義……知識を総括し記憶にとどめるために（2ページまたは4ページ）
　・活動で学習した実験の解釈と結果
　・それぞれのテーマの要約
　・講義の内容を視覚化するためのイメージによる要点
○発見の道筋（itinéraire de découverte）（2ページ）
　・講義で取り扱った概念を，他の教科（歴史，地理，生物……）や他の領域（技術，明，薬学，自然……）に応用することを発見するための資料
　・資料を活用するための問題
　・発見を深めるためのインターネットアドレス
○方法（méthode）（1ページ）

第3章 生徒を中心に据えた物理・化学教育の実現

・実験やグラフ化，計算をするための方法
○確認，練習，課題（3ページ）
　・知識の確認と講義のまとめ
　・講義の応用と，知識の利用による問題練習
　・日常生活の具体的な状況に関係する課題

　特に，「発見の道筋」では，学習内容に関わる様々なトピックが提示されている。例えば，第5級の「水の凝固と融解」の単元では，「気候学」：氷のひみつ，「探検」：北極の発見，「先史学」：マンモス，「技術」：低温による保存について，文章と写真や図により説明がなされている。このように，様々な観点を提示することで，学習内容について興味や関心を高め，理解を深めることができるようになっている。
　2社の教科書はともに，学習目標の提示と学習内容への興味や関心の喚起，実験を含む学習内容の説明，他の分野との関わりを示す資料，実験に関わるスキルの育成，レベルの異なる練習問題で構成されている。これらの教科書の執筆者の多くは，コレージュの教員であることから，授業を実施するにあたり，教科書に提示されているような情報が必要とされていることが窺える。

3　単元の展開事例
（1）年間配当時数

　改訂された教育プログラムにおいて，「物理・化学」の週当たりの授業時間数は，中間期の第5級と第4級で1.5～2時間となっている。また，進路指導期である第3級では，選択科目として第2外国語を選択する生徒に対しては週2時間，テクノロジーを選択する生徒に対しては週1.5時間の「物理・化学」の授業が実施されることとなっている[62]。
　リール大学区（Académie de Lille）のコレージュ教員を中心として作成された授業書によると，教育プログラムに示された学習内容の各学年の年間配当時数は，表3-17に示すとおり計画されている[63]。

表3-17　授業書にみられる「物理・化学」の年間配当時数

〈第5級〉

学習内容	配当時間
1. 環境における水	20〜30時間
（1）どこで水を見つけられるか？	（2.5〜3）
（2）どのようにして〈澄んだ〉水を得るか？	（7.5〜10）
（3）水を加熱したり冷却したりするとどうなるか（大気圧下）？	（3〜5）
（4）水に何でも，どんな量でも溶かせるか（砂糖，塩，砂など）？	（2〜3）
（5）水に他の液体（アルコール，油，石油など）を混合できるか？	（1〜2）
（6）分子：理解するためのモデル	（4〜7）
2. 電気	10〜15時間
（1）閉回路の電流	
a. 電球の点灯と制御	（2.5〜3.5）
b. 導体と不導体	（1.5〜2.5）
c. 電気回路	（1.5〜2）
d. 双極子の組み合わせ	（4.5〜7）

〈第4級〉

学習内容	配当時間
1. 私たちを取り巻く空気：酸素	10〜15時間
（1）私たちを取り巻く空気：酸素	
a. 呼吸する空気は何からできているか？それは純物質か？	（1〜1.5）
b. 空気には固有の体積があるか？質量があるか？	（1〜1.5）
c. 燃えるとは何か？	（3〜4.5）
d. 原子，化学反応を理解するためのモデル	（3〜4.5）
e. どのように酸素を得るか？	（1〜1.5）
f. 天然物と合成物	（1〜1.5）
（2）私たちの環境	（2〜3）

2. 光学	12〜18時間
（1）光源	（4〜6）
（2）光の直進性	（4〜6）
（3）目，光の検出器	（4〜6）
3. 電気−直流の電流と電圧	8〜12時間
（1）電流と電圧の概念の質的導入	（2〜3）
（2）電気回路の電流	（3〜4.5）
（3）2点間の電圧	（1.5〜2）
（4）双極子を含む電圧	（1.5〜2.5）

〈第3級〉

学習内容	配当時間
Ⅰ．身のまわりの物理的な環境（30時間）	
1. 運動と力	10時間
（1）物体の運動をどのように表すことができるか？	（5）
（2）なぜ物体の運動は変化するか？なぜ物体は変形するか？	（2）
（3）物体の重さと質量にはどのような関係があるか？	（3）
2. 電気と日常生活	16時間
（1）電気抵抗の概念	4時間
a. 電気抵抗の概念	（0.5）
b. オームの法則，双極子の特徴	（3）
c. 物質の電気伝導性	（0.5）
（2）交流	6時間
a. 変化する電圧と電流	（1.5）
b. オシロスコープ，オシログラムとその読み方	（2）
c. 電圧の実効値	（0.5）
d. 交流の発生	（0.5）
e. 変圧器と整流器	（1.5）
（3）家庭内の電気設備	6時間
a. 配線の電圧	（2）
b. 家庭の電気設備	（1.5）
c. 電力	（1.5）
d. 電気エネルギー	（1）

3. 光と像	4時間
（1）レンズによってどのように像ができるか？	（2.5）
（2）どの道具が像をつくるか？	（1.5）
Ⅱ．化学：日常の物質（30時間）	
（1）物質の特性	10時間
a．様々な物質：梱包材の例	（4）
b．物質と電気	（6）
（2）物質の化学的特性	17時間
a．空気と物質の反応	（8）
b．液体と物質の反応	（9）
（3）環境の中の物質	3時間

　一方，オルレアン・トゥール（Orléans-Tours）のコレージュに勤務していたある理化教員によると，「物理・化学」の年間配当時数は，表3-18のように配分されていた[64]。

表3-18　オルレアン・トゥールのコレージュにおける「物理・化学」の年間配当時数

1．週当たりの授業時間
・中間期：週1.5～2時間の幅（一般的には週1.5時間）
・進路指導期：週2時間
2．クラスの定員
学校により，クラス全体もしくはグループに分けて実施
3．学習内容
（1）学習内容の項目
・中間期……物質の物理的特性，化学，光学，電気
・進路指導期……化学，力学，電気，光学
（2）教育プログラムの項目
〈第5級〉
・身のまわりの環境の発見，物質……身のまわりの水　　（30時間）
・電気回路……閉回路における電流　　（15時間）

第3章 生徒を中心に据えた物理・化学教育の実現

〈第4級〉
・身のまわりの環境の発見，物質……私たちを取り巻く空気－酸素
（16時間）
・光学……光源／光の直進性／目，光の検出　　（20時間）
・電気回路……直列回路の電流と電圧　　　　　　（9時間）
〈第3級〉
・日常生活の物質……物質の特性／物質の化学的組成／環境における物質　　　　　　　　　　　　　　　　　　　　　　（30時間）
・私たちの物理的環境
　－運動と力　　　　　　　　　　　　　　　　　（10時間）
　－電気と日常生活……抵抗の概念／交流／家庭内電気設備
（16時間）
　－光と像　　　　　　　　　　　　　　　　　　（4時間）

　中間期の教育プログラムは，第5級と第4級の学習内容を区分せずに記述されている。しかし，付随資料では，第5級において「環境における水」，「閉回路における電流」，第4級において「私たちを取り巻く空気」，「光学」，「直流の電流と電圧」を取り扱うことが提示されている。上述した学習内容の配分は，付随資料に示された単元と一致しており，それぞれの学年で物理分野と化学分野が学習されていたことがわかる。また，各単元の配当時数について，教育プログラムの中で参考として示された時間数が最低限確保されている。このことから，学校の状況や教員の裁量に応じて，時間数に幅を持って授業が展開されていることが窺える。

（2）化学分野の学習指導
　学習指導の実施にあたり，先のオルレアン・トゥールのコレージュ教員は，教育プログラムを，実験技術とスキル（savoir-faire），基本的知識と概念，日常生活における関わりと市民性教育の3つの観点で分類している。化学分野については，表3-19に示すとおりである[65]。

表3-19　化学分野の教育プログラムの観点による分類

○実験技術とスキル－実験活動
　　第5級　・温度，体積，質量の測定，場合によって，圧力，湿度
　　　　　・混合物の分離（静置，ろ過，蒸留，クロマトグラフィー）
　　　　　・水中での気体の移し変えもしくは捕集
　　　　　・状態変化（グラフ）
　　　　　・均質混合物と不均質混合物の獲得
　　　　　・物質の同定（水，二酸化炭素など）
　　第4級　・温度，体積，質量，圧力の測定
　　　　　・空気中もしくは酸素中での燃焼（化学反応）
　　　　　・物質の獲得（実験方法）
　　第3級　・いろいろな物質の同定
　　　　　・燃焼，熱を伴わない酸化
　　　　　・いくつかのイオンの特徴
　　　　　・酸・塩基の水溶液の利用（安全のきまり）
○基本的知識と概念－構造化とモデル化
　　第5級　・純物質（及び混合物）の概念
　　　　　・分子，物理変化を理解するためのモデル／分子の保存
　　第4級　・原子，化学変化を理解するためのモデル／化学反応における原
　　　　　　子の保存と質量の保存
　　　　　・物理変化と化学変化の区別
　　　　　・反応式の記述
　　　　　・天然物と合成物
　　第3級　・原子の構造，原子とイオンの区別
　　　　　・金属と電解質水溶液の中の電流のモデル
　　　　　・化学反応式（酸化，イオンに関わる反応），物質と電荷の保存
○日常生活との関わりと市民性教育－文書活動
　　第5級　・水の循環，水の汚染，飲み水と使用された水など
　　第4級　・環境に関する学習，大気汚染
　　　　　・火災
　　第3級　・環境における物質，物質の選別，物質と生活，公害など
　　　　　・安全のきまり

教育プログラムの単元の名称は,「身のまわりの水」,「私たちを取り巻く空気」,「日常の物質」となっているものの,学習内容の内実は,第5級から第3級にかけて,物質の物理的性質の学習から化学的性質の学習へと,漸次移り変わっていることがわかる。学習活動の展開にあたっては,実験による事象提示が行われるとともに,物質について粒子を用いたモデルによる理解が図られており,教育プログラムの学習内容の記述にみられる「環境」や「市民性」として示された内容は,資料を用いながら学習されていたことが推察される。

　また,前掲の授業書では,第5級における化学分野について,表3-20のような展開事例が示されている[66]。

表3-20　第5級化学分野の学習展開事例

学習内容	展　開
1.　私たちを取り巻く水	
・水の循環 ・水の三態 ・固体と液体の区別を可能にする特性 ・水の識別テスト	・資料（ビデオ,スライド）から,水の循環を例示する。水の三態を見出す。状態変化の名前を表す。 ・固体と液体を区別する。 ・液面の水平性を観察する。 ・環境の中の水の存在を識別する。
2.　質量と体積	
・質量,体積の単位 ・質量,体積の測定 ・1Lの水の質量	・菓子のレシピから,小麦粉,バター,牛乳の量を示す単位を見出す。 ・単位から,質量と体積を識別し,大きさの意味を明確にする。 ・質量と体積を測定する。 ・一定体積の水の質量を測定し,1Lの水の質量を推論する。

3. 水に何を溶かすことができるか	
・溶媒，溶質，溶液の概念 ・均質混合物と不均質混合物の概念 ・混合可能の概念 ・g／Lを用いた濃度	・先の菓子には，シロップをかける。どのように準備するか。水の体積と砂糖の質量の関係。砂糖を溶かす前後で質量をはかり，結論をまとめる。濃度の概念の導入となる。 ・水は他の物質を溶かせるか？塩，小麦粉，インスタントコーヒー，砂，炭酸カルシウムを試す。 ・水は他の液体と混合できるか？アルコール，酢，油，シロップ，シクロヘキサンと混合可能性を試す。
4. 混合物中の水	
・均質混合物，不均質混合物の構成物の分離技術 ・残渣 ・純物質，混合物の概念 ・分子のモデルへの初めてのアプローチ ・純水のpH	・前の学習で，水に塩を溶かした。溶解した塩を食塩水（塩田）からどのように取り出すか。蒸発乾固。 ・ミネラルウォーターの蒸発乾固。残留物。 ・浄水場のビデオをもとに，水から不純物を取り除く方法を見出す。デカンテーション，ろ過。 ・蒸留水とは何か。蒸留。 ・ミネラルウォーターの表示から，pHの概念（水や飲み物のpH）を見出す。 ・純物質と混合物の概念の導入のために，簡単な分子のモデル化を行う。

5. 炭酸水	
・気体の存在と物質性 ・石灰水による試験 ・二酸化炭素の特性カード	・炭酸水に溶解する気体を同定する。ペリエの瓶を湯せんし，気体を水上置換で捕集する。石灰水で確かめる。 ・湯せんする前後の瓶の質量の違いを提示し，二酸化炭素に重さがあることを示す。気体は物質である。 ・二酸化炭素はろうそくの燃焼を維持しない。 ・二酸化炭素の特性カード。
6. 融解と凝固	
・温度計の使用 ・水の凝固 ・氷の融解	・純水，シクロヘキサン，混合物（油とシクロヘキサン）の凝固を学ぶ。 ・これらの物質を融解する。 ・純物質の場合，温度一定の部分が存在することを観察する。
7. 蒸発と凝縮	
・気圧計の利用 ・蒸留水の沸騰 ・減圧下の沸騰	・大気圧の測定，蒸留水を沸騰させる。 ・状態変化のとき，温度一定の部分が存在することに気づく。 ・器壁での水蒸気の液化を観察する。 ・減圧下の沸騰，沸点に留意する。
8. すべての状態の水	
・状態変化における質量の保存 ・状態変化を解釈するための分子のモデル化 ・溶解と融解を区別する ・水の特性カード	・氷を融解し，前後の質量をはかる。質量の保存を観察する。 ・この質量の保存は，状態変化を表す分子モデルにより説明できる。

　取り扱われている学習内容は，教育プログラムに示された内容が網羅されているものの，教育プログラムに示された順番どおりに進められているわけではなく，内容のつながりによって順番の入れかえがみられる。展開の特徴として，それぞれの学習項目において，資料や実物，実験を通して学習が進められること，取り上げられる事物や現象は生徒の身のまわりに

あるものを中心としていること，などを指摘することができる。

このような学習を通して，生徒が習得することが期待されている知識とスキルは，表3-21に示すとおりである[67]。

表3-21　第5級化学分野の学習において習得が期待されている知識とスキル

知　識	スキル
1．私たちを取り巻く水	
・身のまわりに見られる水の3つの状態とは何か。 ・状態変化の名称。 ・液体の水面はどうなるか。 ・水の識別テストとは何か。	・固体の定形と液体の不定形を明らかにする。 ・水を含むものと含まないものを区別する。
2．質量と体積	
・体積と質量をどの単位で表すか。 ・1Lの水の質量。	・体積の測定。 ・質量の測定。
3．水に何を溶かすことができるか	
・均質混合物，不均質混合物。 ・水に溶けるものの例。 ・水に溶けないものの例。 ・水に混ざる液体の例。 ・水に混ざらない液体の例。 ・溶液の質量に何が関わっているか。 ・濃度の表し方（単位）。	・溶解させる。 ・一定濃度の溶液をつくる。 ・2つの溶液の混合の可否を試す。
4．混合物中の水	
・均質混合物，不均質混合物の構成物の分離方法。 ・純物質とは何か。 ・純水のpH。	・ろ過，デカンテーション，蒸留を行い，記述する。 ・溶液もしくは飲み物を《酸度》により分類する。
5．炭酸水	
・炭酸水に溶けた気体のすがた。 ・二酸化炭素の性質。 ・二酸化炭素の同定実験。	・水上置換により気体を捕集する。 ・二酸化炭素を同定する。 ・二酸化炭素の重さの特徴を明らかにする。 ・二酸化炭素の特性カードを作る。

第3章　生徒を中心に据えた物理・化学教育の実現

6．融解と凝固	
・温度の単位。 ・純物質の状態変化の温度の特徴。 ・水の凝固，融解の温度。	・温度計を使う。 ・グラフをかき，利用する。 ・状態変化の温度から純物質と混合物を識別する。
7．蒸発と凝縮	
・圧力の単位。 ・常圧における水の沸点。 ・減圧下での沸点の変化。 ・蒸気，もや，煙の区別。	・気圧計を使う。 ・水の沸騰実験を行う。 ・水蒸気の存在を示す。 ・どのように水蒸気を液化するか。 ・どのように減圧下で沸騰を行うか。
8．すべての状態の水	
・状態変化における物質の質量保存。 ・分子モデルを用いた三態の表現。 ・融解と溶解の区別。	・状態変化における質量の保存をどのように確かめるか。 ・水の特性カードを作る。

　知識とスキルの記述内容は，教育プログラムに示されたコンピテンス欄の内容におおよそ対応している。特にスキルの記述は，展開の部分で取り上げられている実験に関わるものとなっており，内容の理解に向けて，実験に関わる学習が行われるものと考えられる。

　このように，実験を中心に学習内容の理解が図られていることが窺えるが，例えば，飲み物の中の成分の分離に関する評価問題は，表3-22に示すようなものである[68]。

167

表3-22 飲み物の中の成分の分離に関する評価問題の事例

〈飲み物中に含まれる水の検出〉
1. 以下に示す飲み物を，以下の2つのカテゴリーに分類しなさい。：
   炭酸，コーヒー，シードル，パイナップルジュース，レモネード，トマトジュース，水

均質混合物	不均質混合物

2. デカンテーションにより，オレンジジュースの果肉は容器の底に沈みます。
   a) どのようにすればデカンテーションを早めることができますか？
   b) 果肉と液体を分離するために，他にどのような方法がありますか？その方法の名前と図をかきなさい。
   c) 液体に水が含まれることをどのように確かめますか？図と説明文をかきなさい。

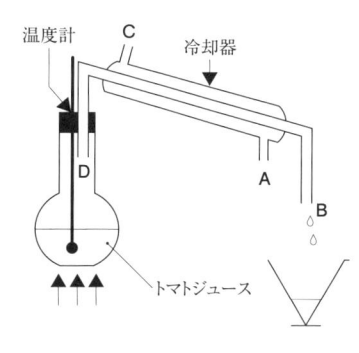

3.
   a) 図の方法を何と呼びますか。
   b) 冷却器は何に使いますか？
   c) 冷却水は冷却器のA，B，C，Dのうちどこから出ますか？
   d) 沸騰しているあいだ，温度計は何度を示していますか。
   e) 集めた液体について述べなさい。

また，状態変化では，表3-23のような問題が例示されている[69]。

表3-23 状態変化に関する評価問題の事例

〈状態変化〉　データを示す表の読み取り

以下の表は，純物質の状態変化の温度を示しています。表を利用し，問題に答えなさい。

純物質	融点	沸点
水	0	100
アルコール	－144	79
水銀	－39	357
タングステン	3370	5900
酸素	－218	－183
銅	1083	2336

1. 温度に用いられる単位を書きなさい。
2. アルコール，水銀，酸素の沸点と融点を，以下の目盛に書き込みなさい。

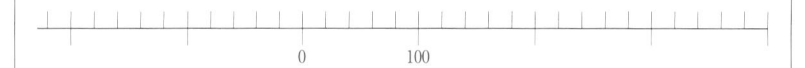

3. ブンゼンバーナーの炎で，細かい銅線をとかすことができます。ブンゼンバーナーの炎の温度について，どのような情報を得られるでしょうか？
4. 電球のフィラメントはタングステンでできています。フィラメントが達することのできる最高の温度は何度でしょうか？
5. 酸素は，－150℃では固体，液体，気体のどの状態でしょうか。理由を説明しなさい。
6. シベリアでは，気温が－50℃になります。この温度を測定するために，アルコール温度計と水銀温度計のどちらを使うべきでしょうか？それはなぜですか？

評価問題の特徴として，答えやその理由を文章や図により説明させていること，学習したことを新しい事象に適用して結論を導き出させていること，などを挙げることができる。第2節で示した評価の観点をもとに問題

を分析すると，語彙や単位に関わる科学的知識，実験の領域におけるスキルの知識といった，「物理・化学」に固有な知識，観察と分析などの科学的手続きが評価されていることがわかる。さらに，答えを図や文章により表現させていることから，フランス語，数学ツール，表現のツールと方法の利用などの知識とスキルの利用についても，評価されていると考えられる。

第5節　まとめ

　第3章では，1989年の教育基本法のもとで展開された，生徒の将来における，市民としての社会生活の実現に向けた物理・化学教育ついて検討した。

　1989年，生徒を教育の中心に据え，一人ひとりの学校での成功とそのための多様性の尊重の視点が盛り込まれた，新しい「教育基本法」が制定された。同法の理念の実現に向け，個々の生徒の学習リズムを考慮して教育を編成することができるよう，教育プログラムの性格や作成手順に関する指針として，1991年に「教育プログラム憲章」が制定された。これにより，教育プログラムは，従来の教科の目標と学習内容を提示するものから，生徒に習得させるべき事項を具体的に明示するものへと，役割転換が図られた。また，子どもの心理的生理的発達をよりよく考慮して学習指導を行うために，新たに学習段階の課程区分が設けられ，コレージュは，小学校及びリセとの連続性を考慮して，第1学年の適応期，第2・3学年の中間期，第4学年の進路指導期に分けられた。

　このような教育改革のもと，前期中等物理・化学教育では，多様な能力を持つ生徒に対する対応の欠如，実験実施のための環境整備の不十分さ，学習内容の調和と整合性の問題といった課題が指摘され，これらの課題克服に向けた教育プログラムが作成された。

　1992年「理化」及び1995年「物理・化学」の目標では，すべての生徒が，科学が関連する諸問題に対する意思決定や職業の選択の準備に向け

て，科学の使い方を理解することが示され，科学の利用者としての市民の育成を目指すという新しい視点が導入された。そして，教育プログラムには，生徒が学習を通して習得すべき事項が具体的に明示されるようになった。また，学習内容と関連する教科の項目が提示され，教科内における学習内容の整合性のみならず，教科を横断した学習内容の整合性の両方が確保されている。

　学習内容は，基本的なものへと精選され，生徒の身近にみられる事象や日常生活の文脈に即した内容の提示が多く見られるようになった。また，例えば，環境をテーマとして，「生命・地球科学」の学習事項とも関連させながら，様々な方法を用いて多角的に分析する学習活動が導入されている。学習では，従来からの科学的知識やスキルの習得に加えて，科学的手続きの実践を通して科学自身がどのようなものであるかについて認識させることが目指されている。

　学習方法としては，実物の観察，実験，モデルの提示，資料を用いた学習により，学習内容の理解が図られている。教科書では，学習内容を日常生活と関連付けたり，学習内容に関わる様々な分野のトピックを提示したりするなど，学習者の興味や関心を喚起するとともに，生徒が学習したことを相互に関連付けることのできるよう配慮された記述へと変化している。

　このように，1990年代の前期中等物理・化学教育では，1989年の教育基本法を基盤として，現代社会に必要不可欠な科学的教養を備えた，科学の利用者としての市民の育成に向け，生徒を中心に据えた学習内容と学習方法を持つ物理・科学教育へと転換されたことを指摘することができる。

第3章　注及び文献

1) "Sept principes pour réformer les programmes", *Le Monde*, N°13721, 9-3-1989, p.30. なお，邦語訳が以下に掲載されている。「教育内容の検討のための諸原則」，『世界』，第541号，1990，pp.135-144.
2) 同上，p.30.
3) P. Bergé, *Rapport de la mission de réflexion sur l'enseignement de la physique*, 1989, pp.28-29.

4) 同上，pp.29-32．
5) 同上，p.76．
6) F. Mathey, *Rapport de la mission de réflexion sur l'enseignement de la chimie*, 1989, pp.7-8.
7) 藤井佐知子，「第Ⅰ部第4章 戦後教育政策におけるジョスパン改革の位置と意義」，小林順子編，『21世紀を展望するフランス教育改革 - 1989年教育基本法の論理と展開 - 』，東信堂，pp.80-86．
8) "Loi d'orientation sur l'éducation", *B.O.*, spécial n°9, 3-10-1991, p.3. なお，邦語訳が以下に掲載されている。小林順子編，『21世紀を展望するフランス教育改革 - 1989年教育基本法の論理と展開 - 』，東信堂，pp.369-407．
9) 藤井佐知子，「現代フランス教育改革の特質と展開」，日本教育政策学会編，『日本教育政策学会年報』，第3号，1996，pp.40-57．．藤井佐知子，「フランスの教育改革の潮流と課題 - 〈現代化〉による教育と教育行政システムの刷新」，アソシエ編集委員会編，『アソシエ』，第8号，2002，pp.62-73．
10) 上掲書8)，p.14．
11) 同上，p.15．
12) 同上，pp.19-20．
13) 同上，p.5．
14) 同上，pp.5-6．
15) 同上，p.21．
16) 小野田正利，「フランスの教育プログラム改訂手続きと教育課程行政」，フランス教育課程改革研究会，『フランス教育課程改革』，平成9～12年度科学研究費補助金基盤研究(B)(1)最終報告書（代表者：小林順子，課題番号：09410075），2001，pp.1-16．
17) "Charte des programmes", *B.O.*, n°8, 20-2-1992, p.488. なお，邦語訳が以下に掲載されている。フランス教育課程改革研究会，『フランス教育課程改革 Documents（資料集）』，平成9～12年度科学研究費補助金基盤研究(B)(1)中間報告書（代表者：小林順子，課題番号：09410075），2000，pp.17-22．
18) 同上，p.489．
19) "Action éducatives et innovantes à caractère scientifique et technique. Partenariat ministère de l'Éducation nationale/ministère de la Recherche et de la Technologie", *B.O.*, n°44, 12-12-1991, p.3160.
20) 同上，p.3161．
21) "Déclaration du Conseil national des programmes sur l'enseignement des sciences expérimentales", *B.O.*, n°8, 20-2-1992, pp.478-479.
22) 同上，pp.479-483．

23) "Lettre du ministre d'État demandant au président du Conseil national des programmes de recueillir l'avis du conseil « sur une nouvelle conception de l'enseignement des sciences expérimentales, en particulier, pour le court terme, de la physique et de la chimie au collège » ", *B.O.*, n°27, 5-7-1990, pp.1487-1488.
24) "Avis du Conseil national des programmes sur une nouvelle conception de l'enseignement des sciences expérimentales, en particulier, pour le court terme, de la physique et de la chimie au collège", *B.O.*, n°27, 5-7-1990, pp.1488-1489.
25) "Horaires d'enseignement des classes des collège", *B.O.*, n°31, 30-8-1990, pp.1834.
26) A. Durupthy, "Editorial – Il était une fois des Sciences Physiques en 6ème et 5ème", *BUP*, n°730, 1991, pp.1-3.
27) 文部省大臣官房調査統計企画課,「フランス」,『主要国の教育動向・1990〜1991年』, 1992, pp.146-147.
28) "Programmes de physique-chimie applicables dans les classes de quatrième et quatrième technologique", *B.O.*, n°31, 30-7-1992, p.2087.
29) 同上, pp.2087-2088.
30) 同上, p.2089.
31) 同上, p.2106.
32) "Programmes de physique-chimie applicables dans les classes de quatrième et quatrième technologique", *B.O.*, n°31, 30-7-1992, pp.2086-2112., "Programmes de physique-chimie applicables dans les classes de troisième", *B.O.*, n°41, 2-12-1993, pp.3721-3739.
33) "Programmes de physique-chimie applicables dans les classes de troisième", *B.O.*, n°41, 2-12-1993, pp.3731-3732.
34) "Programmes de physique-chimie applicables dans les classes de quatrième et quatrième technologique", *B.O.*, n°31, 30-7-1992, pp.2105-2112., "Programmes de physique-chimie applicables dans les classes de troisième", *B.O.*, n°41, 2-12-1993, pp.3732-3739.
35) "Annexe 1 – L'évaluation dans l'enseignement des sciences physiques", *B.O.*, spécial n°3, 9-7-1987, pp.79-80.
36) 同上, pp.82-83.
37) MEN, *Document d'accompagnement du programme de chimie de la classe de quatrième*, 1992, p.38.
38) 同上, p.39.

39) *La lettre du Monde de l'éducation*, n°95, 20 juin 1994.
40) "Nouveau contrat pour l'école", *B.O.*, n°25, 23-6-1994, pp.1735-1736.
41) 同上，p.1737.
42) 同上，p.1740.
43) CNP, "Idées directrices pour les programmes du collège", *La revue de l'EPI*, n° 78, 1994, pp.51-57.
44) MEN, *Programmes et accompagnement − Physique chimie*, CNDP, 2001, p.15.
45) 同上，pp.15-17.
46) 同上，pp.20-21.
47) 同上，pp.18-19.
48) 同上，p.19, p.136
49) 同上，pp.15-33, pp.131-150.
50) 同上，pp.19-20.
51) 同上，pp.19-27.
52) 同上，pp.136-144.
53) 同上，pp.142-144.
54) 同上，pp.194-196.
55) 小林亜子他訳，「翻訳資料Ⅱ Choisir un manuel: un enjeu pédagogique, Savoir Livre, 1996」，『日仏教育学会年報』，第3号，1997，pp.209-218. この他に，近年のフランスの教科書制度全般について記述した邦語文献として，以下のものがある。諸外国の教科書に関する調査研究委員会，『フランスの教科書制度』，平成18年度文部科学省調査研究委嘱「教科書改善のための調査研究」，2007.
56) IGEN, *Le manuel scolaire*, La documentation française, 1998, p.6.
57) J.-P. Durandeau, *Sciences physiques 5e*, Hachette Education, 1998, pp.54-55.
58) 同上，pp.56-58.
59) 同上，p.59.
60) 同上，pp.61-63.
61) R. Vento dir, *Physique chimie 5e*, Bordas, 2002, pp.2-3.
62) 上掲書44)，p.13, p.129.
63) M. Lecoeurche dir, *Méthodes en pratique − Physique-chimie au cycle central collège*, CNDP du Nord-Pas-de-Calais, 1998, pp.261-271., M. Lecoeurche dir, *Méthodes en pratique − Physique-chimie en troisième*, CNDP du Nord-Pas-de-Calais, 2000, pp.253-263.
64) オルレアン・トゥールのコレージュの理化教員であったJ. Jourdain氏からの私信による，2009年4月20日．

65) 同上.
66) M. Lecoeurche dir, *Méthodes en pratique – Physique-chimie au cycle central collège*, CNDP du Nord-Pas-de-Calais, 1998, pp.119-124.
67) 同上, pp.119-124.
68) 同上, pp.173-174.
69) 同上, p.178.

第4章　科学的教養の具体化とその習得に向けた物理・化学教育の新たな潮流

　本章では，2000年代を前期中等物理・化学教育の新たな潮流の時期と位置付け，生徒に習得させるべき共通基礎を構成する科学的教養の具体化の過程と，その習得の実現に向けた2000年代の物理・化学教育について検討を行う。

第1節　新教育基本法と共通基礎の具体化

1　2000年代に向けたコレージュの改革
(1) コレージュ改革の議論
　1990年代後半，コレージュに関する公的報告書[1]が発表され，コレージュがうまく機能していないことが相次いで指摘された。特に，1990年代以降に力点がおかれてきた個別化・差異化教育が成果を挙げることができず，教師の側に負担感が蔓延していること，生徒間格差や学校間格差の拡大の事態が生じていることなどが証言され，1990年代の教育改革の行き詰まりが示された[2]。
　このようなコレージュの現状を受け，1998年から，コレージュ改革に関する国民的討議が実施された。討議では，①コレージュの社会的統合に関わる問題，②すべての者のためのコレージュ（collège pour tous）という概念自体の検討，③効率的かつ公正な1つの構造となるためにコレージュはどうあるべきか，④システムの運営（pilotage du système），の4つが柱とされた[3]。
　討議の結果は，1999年5月に，『2000年のコレージュ（Le collège de l'an

2000)』と題する報告書として発表された[4]。「すべての者のためのコレージュ」と題された全体のまとめでは，生活している社会において市民となるために必要な知識とコンピテンスの基礎をすべての子どもに提供しなければならないこと，世代の共通基礎となるコンピテンスと知識を明確にすべきこと，が述べられている。さらに，4年間での生徒の意欲の低下の原因として，教授内容の現実世界との乖離や，身に付けた知識やコンピテンスを実際に使ってみる機会がないことを挙げ，その解決に向けて，学際的な活動（travail interdisciplinaire）の環境を整備していくことが求められている[5]。そして，続く「転換に不可欠な基本路線」において，①困難を抱えて入学した第6級の生徒の水準の引き上げ，②より活動的な課業，③教育の整合性と教員チーム，④多様なコース，⑤コレージュでの生活，⑥コレージュの運営，の6つの具体的な提案がなされている[6]。

　これらを踏まえて，1999年6月には，国民教育省から『コレージュの変革－すべての者のための，そして一人ひとりのためのコレージュ（La mutation des collèges : un collège pour tous et pour chacun）』と題する改革プランが発表された[7]。その内容は，①すべての者のためのコレージュで生徒の多様性を考慮する，②学習意欲を喚起し自律性を獲得するため教育方法を多様化する，③学び舎コレージュ（maison-collège）でよりよく生きる，④活動手段，の4つに区分され，全体で40の事項が示されている。

　このうち，科学教育に関わる事項として，教育方法の多様化の中で，「実験教科の統合」が示されており，以下のように述べられている[8]。

　　　教員チームに，実験を実施する教科：「生命・地球科学」，「テクノロジー」，「物理・化学」の時間の一部を，それぞれの時間数の大枠を変更することなく，統合する可能性を持たせることが重要である。
　　目的　－「生命・地球科学」，「テクノロジー」，「物理・化学」における，観察と実験の手続きの相補性を生徒に認識させる。
　　　　　－生徒の科学的推論や実験のコンピテンスを協働して伸ばす。
　　方法　－「生命・地球科学」，「テクノロジー」，「物理・化学」の教員

に，各々の教育プログラムとその相互の関係について，共通の考えを持たせる。
　　－教員により作り上げられた教育計画に応じて，これらの教科の時間の使い方を定義する。

　報告書『2000年のコレージュ』における，学際的な活動の実施に向けた環境整備の必要性を踏まえ，科学教育では，実験や観察を主体として学習が展開される科学とテクノロジーに関わる教科が連携することで，協働して生徒のコンピテンスを育成し，教科間相互の関係性を生徒に認識させることが求められている。
　また，活動手段の中で，「共通のコンピテンスの定義」が項目立てられており，以下のように述べられている[9]。

　　　コレージュは，小学校からの継続の中で，学校の民主化の理想に結び付く，そしてリセでの学習の継続を可能にする，教育の共通基礎（socle commun de formation）を惜しみなく与える。
　　　コレージュの4年間で，生徒は，知ること（connaître），行うこと（faire），共に生きること（vivre ensemble）を学習し，継続的で多様な教育への準備を行う。また，技術的職業的文化の紹介を行う。
　　　コレージュにおいて獲得される共通のコンピテンスを定義するために，教科のプログラムの整合性をよりよいものにしなければならない。CNPは既にこの領域について活動している。この活動は，コレージュにおいて教科間の教育実践を定着させるために重要である。
　　　知の伝達に，実践と経験の獲得を加えるべきである。生徒の興味を高めることで，学習に意味付けし，学校における成功へと導くだろう。

　共通基礎は，学校の民主化と生徒の多様な教育の継続の実現に向けて，すべての生徒に提供されるものであること，その具体化にあたっては教科の整合性に配慮する必要があること，が述べられている。また，生徒の興

味を高め，学習に意味付けし，学校における成功へ導くために，学習活動に実践や経験を取り込むことが求められている。

(2) 全国教育課程審議会『コレージュにおいて何を学ぶのか？（Qu'apprend-on au collège ?）』

このようなコレージュ改革の流れにあって，CNPでは，コレージュの修了時にすべての子どもが学習し習得すべきことは何かについて検討がなされてきた。その成果を広く一般に公表し理解を得るため，2002年に『コレージュにおいて何を学ぶのか（Qu'apprend-on au collège ?）』が出版された。その中で，生徒の不均一性に直面する中，すべての生徒に共通の教養（culture commune）を伝達する必要性を再確認しなければならないと述べられている[10]。そして，教科の構成を考慮しながら，言語の習得，人文的教養，科学的技術的教養（culture scientifique et technique）の3つの柱をもとに，共通基礎（socle commun）について定義がなされている[11]。

このうち，科学的技術的教養では，自然界や技術について理解できること，生徒に身のまわりの世界についての客観的な見方を構築すること，実験的手続きやテクノロジーの手続きについて親しみを持たせることが使命とされている。その主たる目標として，以下の点が挙げられている[12]。

- コレージュの生徒が持つ疑問に答えること：宇宙，地球，生物，人間，知識の起源。人体の働き。身のまわりの環境の事象の構成と働き。
- 世界のまとまりに関する今日の知識の鍵を発見させること。多様性の中の統一性，力，進化。
- 確かなことと疑問，事実と仮説を区別すること，いくつかの知識の正当性を証明することを学ぶこと。
- 厳密さを伴う観察，説明，表現を学ぶため，科学的手続き（démarche scientifique），特に実験やテクノロジーの手続きに慣れること。

そして，コレージュの終わりまでに生徒が学んでいなければならない内容として，以下の7点が挙げられている[13]。

- 生物から宇宙に至るまで，物質を構成する物理化学的な単位が存在している。物質界を構成する基礎は原子であり，生物は分子が集まってできた細胞でできている。
- 自然界の構成要素は，汎用性のあるわずかな法則と統一性のある概念に支配されている。法則や概念を利用して得た成果は，永年，私たちの生活環境の改善に貢献してきている。
- 宇宙，地球，生物は，宇宙の構造の一環をなす何十億年にもわたる歴史的なプロセスの結果である。
- 地球は，環境を大きく変化させている人間活動により作り上げられている。
- 人間を含む生物は，環境の中でそれぞれの種に対応した，調整された機能を共通に持っている。
- 健康は，私たちの身体機能の表れであり，部分としては遺伝形質の，全体としては社会的なふるまいや個人の選択の，結果である。適切な行動をするため，その初歩的な知識を持たなければならない。
- 実験科学の法則は，数式を用いて表現される。数字による計算は，問題を表現し，解くために必要である。また，証明は，知識へとつながっている。

このように，コレージュの終わりに獲得すべき科学的技術的教養の内実として，科学自身について，科学の果たす役割，生徒を取り巻く世界と自分自身についての理解を深めるための内容が取り上げられている。つまり，コレージュの生徒一人ひとりが，将来社会において市民として生きることを実現するために，科学教育においてこのような科学的技術的教養の育成が求められているといえる。このような方向性のもと，コレージュの科学に関わる教育プログラムが作成されることとなった。

2 EU (European Union) における教育改革の動向

　EU (European Union) は，2000年代に入り，2010年までに「よりよい職業と社会的連帯 (social cohesion) を伴う，持続的な経済成長を可能とする，世界の中で最も競争力のある，ダイナミックな知識基盤型経済となる」ことを目標とした[14]。この目標は，2000年3月に，ポルトガルのリスボンで行われた欧州理事会で採択されたことから，リスボン戦略と呼ばれている。教育分野では，知識基盤社会の要求と，労働の質の向上の必要性に対応することが求められ，人材養成の観点から生涯学習が重要視されている。そして，「生涯学習を通して提供される新しい基礎的スキルである，ITスキル，外国語，テクノロジーの文化，起業家精神と社会的スキルのヨーロッパの枠組みを定めるべきである」と提言された[15]。

　これを受けて，作業プログラム「教育・訓練2010 (Education and Training 2010)」の中でワーキンググループが設置され，知識基盤社会において必要な基本的スキルについて検討が行われた。検討にあたり，経済協力開発機構 (OECD) の「コンピテンシーの定義と選択：その理論的・概念的基礎」プロジェクト (通称，DeSeCo)[16] をはじめとする国際的な研究成果が参照された。その成果は，2005年11月に，「生涯学習のためのキー・コンピテンスに関する欧州会議と欧州理事会の勧告 (Proposal for a recommendation of the European parliament and of the council on key competences for lifelong learning)」として発表され，以下の8つのキー・コンピテンスが示された[17]。

　　①母語によるコミュニケーション
　　②外国語によるコミュニケーション
　　③数学のコンピテンス，科学とテクノロジーの基礎的コンピテンス
　　④ICT (情報通信技術) に関わるコンピテンス
　　⑤学び方の学習
　　⑥人間関係，異文化間と社会に関わるコンピテンス，市民性のコンピテンス

⑦起業家精神（Entrepreneurship）
⑧文化的表現（Cultural expression）

　勧告において，キー・コンピテンスは，文脈に適した知識，スキル，態度の総体として定義されており，自己実現と個人の発達，市民としての活動，社会的結束と就労のために，すべての人々に必要とされるものであると述べられている。また，義務教育の終わりまでに，成人の生活に備えるレベルへと，キー・コンピテンスを伸展させるとともに，生涯学習の一環として，それをさらに発達させ，維持し更新し続けることが必要とされている[18]。
　このような性格を持つキー・コンピテンスのうち，特に「科学とテクノロジーの基礎的コンピテンス」について，具体的に以下のように記述されている[19]。

〈定義〉
　科学的なコンピテンスは，問題を明確にし，証拠に基づく結論を示し，自然界を説明するために用いられる能力，知識と方法の総体を利用することに関係する。テクノロジーのコンピテンスは，知覚される人間の要求と必要性に応える知識と能力の適用として考察される。この2つの領域は，人間の活動により起こる変化の理解と，個人の市民としての責任を伴っている。
〈コンピテンスに関わる主要な知識，スキル，態度〉
　科学とテクノロジーに関わる本質的な知識には，自然界の基本原理，基礎的な科学的概念，原理，方法，テクノロジーと技術的プロセスが含まれる。個人は，一般社会（意思決定，価値，道徳的な問題，文化などに関わる）において，また，医薬のような科学特有の領域において，科学とテクノロジーの理論と応用の進歩，限界，リスクを理解するべきである。さらに，自然環境に対する科学とテクノロジーの影響を理解すべきである。

スキルには，目的を達するためもしくは決定したり結果に導くための，証拠に基づく科学的なデータの利用と操作の能力と，テクノロジーのツールや機械の利用と操作の能力を含む。個人は，科学的探究の本質的なすがたを認識し，それにより導かれる結果や推論を伝達する能力を持つことができる。

態度には，批判的な判断と好奇心，倫理的な問題への関心と安全性や持続可能性の尊重を含む。それは特に，自分，家族，コミュニティーや世界的な問題に関係する科学的技術的進歩に関わるものである。

このように，知識基盤社会における学校教育では，従来の知識の習得に代わり，コンピテンスの習得が目指されている。「生涯学習のためのキー・コンピテンス」は，ヨーロッパにおける参考のための枠組みとして提示されたものであり，国や地方の実情に応じたコンピテンスを定め，生涯学習によってその習得と維持，更新を可能とする方策を検討することが求められている。

3 新教育基本法「学校の未来のための基本・計画法（Loi d'orientation et de programme pour l'avenir de l'école）」の制定

公教育の行き詰まりともいえる状況の常態化を背景として，事態の抜本的改善のために教育基本法の改正が必須であると考えたフェリー（Luc Ferry）国民教育相は，2003年から法改正の準備を進めていった。新たな教育基本法の制定に向けて，同年11月から2か月にわたり，国民的討議が広範に展開された。討議では，「児童・生徒をどのように効果的に動機付け勉強させるか」が論点として最も多く取り上げられ，国民が児童・生徒の学力向上に大きな関心を寄せていることが明らかとなった[20]。これを受けて2004年10月に作成された最終報告書『すべての生徒の成功のために（*Pour la réussite de tous les élèves*）』では，未来の学校を構想するための，8

つの行動計画が提案されている。特に，義務教育段階においては，それぞれの生徒が必要不可欠な共通基礎を習得し，成功への道を見出すことを保障することが提案されている。共通基礎の内容として，例えば，読む，書く，言葉の習得，計算，英語，コンピュータの利用，共和国で共に生きること，といった内容が想定されている。そして，その基本的枠組みは国会が定め，具体的内容は独立機関が決定するよう述べられている[21]。

2005年4月には，国会に対して報告書『学校で教えられる知識の定義（La définition des savoirs enseignés à l'école）』が提出された。その中で，共通基礎について，フランスやヨーロッパ共同体において存在している宗教，民族や文化の共同体を横断して，共通のアイデンティティの文化の核のまわりにつくられる，社会のまとまりを強化するのに貢献するものであることが述べられている。そして，学校は，国家とヨーロッパ共同体のアイデンティティの所有に向けた初めのステップであることが示されている。そのため，学校において，知識（connaissances）とともにコンピテンス（compétences）が育成されることが求められており，具体的なコンピテンスとして，①言葉によるコミュニケーション，②グループでの活動，他人との協力，「共に生きる」こと，③批判的精神を鍛えること，情報の分析と選別，④時間，空間における自分の位置の認識，⑤学習能力の向上，⑥責任を持つこと，計画への関与が挙げられている[22]。

このような議論や報告をもとに，2005年4月に，フィヨン（François Fillon）国民教育大臣のもと，新しい教育基本法である「学校の未来のための基本・計画法（Loi d'orientation et de programme pour l'avenir de l'école, 通称フィヨン法）」が制定された。その政策目標は，同一世代の100％が最低限の職業資格を取得すること，80％がバカロレア水準に，50％を高等教育修了に至らせることである。目標を実現するための具体策として，①義務教育段階で習得を保障するべき「共通基礎知識技能」を制定すること，②「共通基礎」習得を保障するため個別指導を実施すること，③義務教育段階修了時に「共通基礎」の習得を認証するための「前期中等教育修了免状（diplôme national du brevet, DNB）」取得試験の受験を義務化すること，

④教員の資質向上に向けた教職課程在籍者の修士号取得を促進すること，などの措置がとられている[23]。

特に注目される点は，義務教育期間中に児童・生徒が身に付けるべき知識及びコンピテンスが「共通基礎（socle commun）」として明記された点であり，第9条において以下のように規定されている[24]。

> 第9条　義務教育は，学業での成功を達成するため，教育を継続するため，人格及び職業に関わる将来を構築するため，そして社会生活で成功するために必要不可欠な，知識とコンピテンスの総体からなる共通基礎を獲得するために必要な手段を，一人ひとりの児童・生徒に最低限保障しなければならない。共通基礎は以下のもので構成される：
> 　－フランス語の習得
> 　－数学の主要原理の習得
> 　－市民権の自由な行使を可能にする，人文的，科学的教養
> 　－1つ以上の現代外国語の実践
> 　－日常的に用いられるICTの習得

つまり，義務教育の役割として，児童・生徒の学業での成功，教育の継続，将来の構築，社会生活での成功のために，共通基礎を獲得する手段を提供するとともに，児童・生徒の共通基礎の習得を保障しなければならないことが述べられている。共通基礎の具体的な内容は，すべての基礎となる読み・書き・計算に加え，グローバル化や情報化といった社会の急速な進展に対応していくために必要となる，人文的・科学的教養，外国語，ICTが挙げられている。第9条では続けて，フランス語の習得をはじめとする5つの柱をもとに「共通基礎」の内容の詳細を政令で定め，これを各学校段階の教育プログラムにおいて具体化することが述べられている。

このように，教育基本法において共通基礎が定義され，公的に定められたのは，フランスの教育史上初めての出来事である。ランジュヴァン・ワロン改革案以降今日に至るまで，約60年間にわたり，義務教育段階にお

いて子どもたちに何を習得させるべきかについて模索がなされてきたが，フィヨン法はその帰結であると見なせる。

4 政令「共通基礎知識技能（Socle commun des connaissances et des compétences）」

フィヨン法に示された共通基礎を具体化するため，ド・ロビアン（Gille de Robien）国民教育大臣は，教育高等審議会（Haut Conseil de l'Éducation, 以下HCEと略記）にその審理を付託した。これを受けて，HCEは2006年3月に「共通基礎に関する勧告（Recommandations pour le socle commun）」を発表した。

勧告では，共通基礎の定義と内容，育成にあたっての方向性が示されており，共通基礎が教育のすべてではないこと，学校や日常生活における複雑な活動や状況の中で獲得したものを動員する生徒の能力を強調するため，共通基礎をコンピテンスで表すこと，コンピテンスは知識（connaissances），能力（aptitudes），態度（attitudes）の組み合わせとして定義されること，などが述べられている[25]。そして，共通基礎の具体的な内容として，フランス語の習得，1つの現代外国語の実践，数学の基礎的コンピテンスと科学的テクノロジー的教養（culture scientifique et technologique），日常用いられるICTの習得，人文的教養，社会的市民的コンピテンス，自律性と自発性の7つが提示された。フィヨン法第9条に示された5つの項目を整理するとともに，社会的市民的コンピテンスと自律性と自発性の2項目を加えたものとなっている。特に科学的テクノロジー的教養については，以下のように述べられている[26]。

　　科学的テクノロジー的教養は，生徒の好奇心を高め，日常の環境を理解するような，世界の総合的なまとまりのある表象に到達することを可能にしなければならない。一方で，証明可能な事実，他方で意見や信条を区別することを学ぶことに貢献するものである。観察と実験は，この過程の中心となる。近年の初等教育段階の科学教育に見られ

る《La main à la pâte》の取り組みは，より小さい時から科学や技術への関心をもたらすことができることを示している。今日理系に対して愛着が薄れていることは国の将来にとっての懸念であり，一層緊急を要するものである。

　科学アカデミーは，人間の精神の大きな出来事，技術的な応用の源となる科学的な活動を示すことの重要性を強調する。教科のプログラムの要素の簡単な並置を避けながら，科学教育の整合性を保障するために，<u>ヨーロッパの枠組みでの精神の中で，《能力（capacités）》と知るべき《概念（notions）》を定義する</u>。

　DNAや遺伝子など，いくつかの複雑な概念に取り組むことを心配する必要はない。というのは，生徒が日常生活において絶えず話されているのを聞いているからである。すべてはそれを提示する方法によっている。

　義務教育修了時に，生徒は以下のことができなければならない。

- 地球，物質，光と波の伝播，いろいろな種類のエネルギー，特に電気エネルギー，人間と生き物，ものと資源の生産の本質的な領域において，獲得された知識を動員することができる。
- 今日の技術，日常生活の物体の機能の基本を成す，情報の電子化デジタル化された処理やオートメーション化されたプロセスに慣れる。

（下線は筆者による。）

　科学的テクノロジー的教養は，身のまわりの世界の総合的な理解や情報の判断に寄与すること，観察や実験の過程を通して育成されること，国家の基盤として必要とされていること，が述べられている。そして，下線部にみられるように，科学的テクノロジー的教養の具体化にあたり，フランス国内のみならず，先に示したようなEU域内の動因との関係性を読み取ることができる。

　HCEの勧告をもとに，2006年7月，政令「共通基礎知識技能（socle commun des connaissances et des compétences）」が制定された[27]。政令の中

第4章　科学的教養の具体化とその習得に向けた物理・化学教育の新たな潮流

で，共通基礎は義務教育の基盤となるものであり，社会から疎外されないために義務教育段階修了時点で全員が習得していなければならない事項を定義するものであること，それ自身が小学校やコレージュの教育プログラムの代わりや要約となるのではなく，児童・生徒の視点に立って教科間や教育プログラム間の橋渡しをすることで，学校における基本的教養に存在意義を与えようとするものであることが述べられている[28]。そして，共通基礎として以下の7つのコンピテンスが提示されている。

- フランス語の習得
- 1つの現代外国語の実践
- 数学の主要原理と科学的テクノロジー的教養
- 日常的に用いられるICTの習得
- 人文的教養
- 社会的市民的コンピテンス
- 自律性と自発性

　このような共通基礎のコンピテンスの習得は，学校やその後の生活において獲得した知識を様々な状況で使うこと，社会の進展に参加するために生涯学習を行うのに必要なツールを身に付けること，文化の多様性や人権の普遍性，発展の必要性や地球保護の必要性といった私たちを取り巻く大きな課題を理解すること，を可能にするとされている[29]。
　政令に示された7つのコンピテンスは，それぞれをさらに，身のまわりの現実世界について理解し表現するために必要な知識（connaissances），様々な状況において知識を活用するための能力（capacité），生涯にわたり必要不可欠な態度（attitude）に分けて記述されている。付属文書では，このような共通基礎のコンピテンスの内容や構成は，「生涯学習のためのキー・コンピテンス」に関する欧州議会と欧州連合理事会の勧告や，OECD生徒の学習到達度調査（PISA）などの国際学力調査を参考にしたものであることが述べられている[30]。

科学的テクノロジー的教養では，児童・生徒の身のまわりの現実世界について理解し表現するために必要な知識として，以下の9つの内容が示されている[31]。

- 宇宙が構造化されていること：微視的レベル（原子，分子，生物細胞）／巨視的レベル（惑星，星，銀河）
- 地球：地球は太陽系の1つの惑星で，重力に支配されていること／地球の構造と内部と外部の現象
- 物質が様々な形で現れること：変化と反応／簡単なものからより複雑なものへの組織化，無生物から生物への組織化
- 生き物の特性：組織の単位（細胞）と生き物の多様性／生物の生殖，発達，機能の様式／生物の単位（DNA）と種の進化
- 宇宙，物質，生物の相互作用や信号の利用
- エネルギー：エネルギーの移り変わり；電気エネルギーとその重要性；化石エネルギーと再生可能エネルギー
- 物質とエネルギーの漸進的な制御が，人に技術物の極限の多様性を可能にすること：利用の条件／環境への影響／機能の仕方と安全性の条件
- 人間に関する知識：ヒトの統一性と多様性（遺伝，生殖）／人体の組織と機能／人体とその可能性／生態系へのヒトの影響
- ICTの取扱いや自動化されたプロセスに親しむこと

　これらの知識を様々な状況において活用するための能力として，以下のものが挙げられている[32]。

- 科学的手続きの実施：観察，問題提起，仮説の設定と妥当性の検証，論証，モデル化／自然現象と数的言語の関係についての理解
- 操作と実験：実験方法の構想，適切な道具の利用，情報処理／手先の器用さの発達，技術的な所作に慣れる／現実とシミュレーション

第4章　科学的教養の具体化とその習得に向けた物理・化学教育の新たな潮流

の相違の認識
・結果に関わる原因の理解と，未知の原因の存在についての認識
・測定や探究の結果の表現と説明：科学用語の文語や口語で用いること／主要な単位の理解と使用／測定誤差の理解／統計的な結果の本質や有効性の理解
・科学と技術の関係性の認識
・状況に応じた知識の喚起
・困難を克服するための技術とテクノロジーの利用

　これらの知識，能力をもとに現実を合理的に理解することで，以下の態度が高められることが示されている[33]。

・観察のセンス
・自然現象の原因の発見に対する好奇心，論理的思考に基づく想像力，思考の柔軟性
・批判的精神
・科学や技術の進歩に対する関心
・その変化の倫理的含意の自覚
・安全に関する初歩的なきまりの遵守
・環境，生き物の世界，保健衛生に対する責任

　HCEの勧告で示された，義務教育修了時に習得すべき知識が具体化されるとともに，知識を活用するための能力について詳述されている。政令に示された科学的テクノロジー的教養は，宇宙や地球から自分の身体までを支配している主要な法則の理解と，科学と技術により作られた社会に生きていくために必要とされるものとなっている。このように，義務教育段階で習得すべき科学的テクノロジー的教養が，知識，能力，態度の観点で具体的に明示された点は注目に値する。
　教育プログラムは，この政令に基づいて作成されることとなり，科学に

関わる教科は，科学的テクノロジー的教養の育成に向けて中心的な役割を担うこととなった。

第2節　教育プログラムにおける共通基礎の取扱い

1　「物理・化学」の目標

　フィヨン法及び政令「共通基礎知識技能」の趣旨に沿って，「物理・化学」の教育プログラムが2007年に改訂された[34]。この教育プログラムは，第5級と第4級で同年9月の新学年度から，第3級で2008年9月から実施に移されることとなった。さらに，2008年8月に再び教育プログラムが改訂され，学習内容に大幅な変更はないものの，記述の簡略化が図られた[35]。この教育プログラムに基づいた授業が，2009年9月から実施されている。2008年の教育プログラムでは，各学年の学習内容の記述に先立ち，コレージュ全学年に関わる「物理・化学」の目標について，以下のように述べられている[36]。

- 世界を構築する法則の普遍性を強調しつつ，世界についての総合的で整合性のある，合理的な最初の表象を構築するため，科学的テクノロジー的教養の獲得に貢献する。
- 人格形成や分別のある態度を発展させながら，教科に固有の知識や，様々な状況において活用することのできる能力についての，共通基礎の獲得に関わる。
- 共通基礎の7つのコンピテンスそれぞれに貢献する。共通基礎の各コンピテンスは，実際に様々な教科の貢献を必要とし，1つの教科はそれぞれのコンピテンスの獲得に貢献する。
- 物理・化学の特性と貢献を示しつつ，教育プログラムを横断して，科学に関わる他教科との相互関係を強化する。そして，収束テーマ（thèmes de convergence）に貢献する。
- 科学や科学に関わる職業（技術者，エンジニア，研究者，教師，医者

など) に対する生徒の知的好奇心や欲求を高め，意欲を喚起するために，日常の環境に関わりを持たせる。

　「物理・化学」の学習において，共通基礎のうち，特に，科学的テクノロジー的教養の育成が目指されることが明示されている。これまでの教育プログラムと異なり，共通基礎の習得という義務教育全体の目標の達成に向けて，「物理・化学」が位置付けられている。
　科学的テクノロジー的教養の習得に向け，基本となる知識とともに，様々な状況で知識を活用するために必要とされる能力（capacité）の育成が目指されている。具体的に，以下の能力が示されている[37]。

- ・科学的手続き（démarche scientifique）の実施……観察，問題提起，仮説の設定と妥当性の検証，論証，簡単な方法でのモデル化，学習した現象と適用される数的言語との関係の理解
- ・現実に対応した操作，実験……実験方法の構想，適切な道具の利用と実施，手先の器用さの発達，技術的な所作に慣れる，現実とシミュレーションの相違の認識
- ・結果に影響を及ぼす原因の存在の理解，未知の原因の存在の認識
- ・測定もしくは探究の結果の表現と説明……科学用語の文語や口語での使用，測定の単位，対応する大きさと結び付ける，測定に関する誤差の理解，統計的な結果の本質や有効性の理解

　提示された能力の内容は，共通基礎の科学的テクノロジー的教養で示された能力に対応したものとなっている。このような能力を身に付けるために，必要に応じて，探究の手続き（démarche d'investigation）を取り入れることが求められている。
　さらに，「物理・化学」の教育は，生徒に以下の態度（attitudes）を育成するために貢献しなければならないことが述べられている[38]。

・観察のセンス（le sens de l'observation）
　　・自然現象の原因発見への好奇心，論理に基づく想像力，進取の精神
　　・批判的精神
　　・科学や技術の進歩に対する関心
　　・安全の初歩的なルールの遵守，指示の尊重
　　・自身と他者の尊重
　　・環境に対する責任

　示された内容は，共通基礎の科学的テクノロジー的教養に示された態度の内容とほぼ一致したものとなっている。また，共通基礎の「自律・自発性」や「社会性・市民性」に関わる項目も含まれていることから，科学的テクノロジー的教養以外のコンピテンスの育成をも視野に入れた指導が求められていることが窺える。
　このように，「物理・化学」では，主として，共通基礎の中の科学的テクノロジー的教養を構成する知識，能力，態度の育成に向けて学習が展開されることとなる。
　一方で，国際学力調査など近年の評価の動向から，教科の枠組みだけでなく，より大きな枠組みの中で科学的な知識とコンピテンスについて見通しを持つことが必要とされてきている。そのため，「物理・化学」において獲得される知識やコンピテンスは，関連する教科，さらに，生徒の日常生活や直接関わる環境において，構築，開発，利用されなければならないとされている[39]。つまり，「物理・化学」において，共通基礎の科学的テクノロジー的教養以外のコンピテンスの育成をも視野に入れた授業を展開することが求められているのである。
　「物理・化学」の教育プログラムには，科学的テクノロジー的教養以外の共通基礎のコンピテンスとの関わりについて，以下の内容が示されている[40]。

　　・フランス語の習得……簡単な文書の読解，テープの聞き取り，ビデ

オ資料の視聴，文章での問題の解答，報告書の作成
・現代外国語の実践……文字情報，取扱説明書，説明イラスト，カード，インターネットなどに記述された言葉の読み取り
・数学の主要原理……現象の量的取扱い，数値の測定と操作，計算機やコンピュータの利用／データの図表・グラフ化，数値の読み取り
・ICTの習得……データの取得と取扱い，ソフトウエアの利用，実験やシミュレーションによるコンピュータなど情報機器の利用／ネットを利用した情報交換／情報に対する批判的で思慮深い態度
・人文的教養……科学の歴史や科学の現状の理解
・社会性・市民性……政治的，社会的，倫理的選択に参加できるよう「科学・技術の利用法」の理解，科学製品や技術物を利用する市民－消費者の育成／安全，健康維持，環境尊重の意識の育成
・自律・自発性……科学の領域の責任と創造性に関わる自律性の獲得／目的に応じた実験の考案，準備，計画能力の育成／グループ活動における聞く，伝達する，議論する能力の育成／探究の手続きやプロジェクト学習による自律と自発性の伸長

　また，生徒に，私たちが生きている世界について，総合的で整合性のある表象を構築させるために，科学とテクノロジーに関わる教科に共通して，収束テーマが設定されている。具体的なテーマとして，統計的思考様式，持続可能な開発，エネルギー，気象学と気候学，健康，安全性の6つが取り上げられている。「物理・化学」の教育プログラムの記述には，学習する項目と関連する収束テーマが示されている。

2　探究の手続き（démarche d'investigation）

　「物理・化学」の教育プログラムでは，科学的テクノロジー的教養に示された能力の習得に向けて，探究の手続きを取り入れることが述べられている。探究の手続きの具体的な枠組みについて，以下のように提案されている[41]。

○状況問題（situation-problème）の選択
　−ねらいとなる知識を分析し，達成すべき目標を決定する。
　−生徒の予め持っている知識を明らかにする。
　−生徒の概念もしくは表象，困難さ（認識の妨げとなるものや誤りの分析）を識別する。
　−困難な要素の分析に基づき学習の展開を推敲する。
○生徒による問題の把握
　−生徒は，予めの考え方に関わる活動を可能とする，解決方法を提示する。そのために，解決する問題についてクラスで整理し，相違を比べる。
　−教師は，場合によって，問題の意味をより明確にしたり，全員が解決すべき問題を理解できるよう修正したりすることで，生徒の活動をガイドする。
○予想，説明的な仮説，可能なプロトコルの形成
　−生徒（もしくはグループ）の予想，仮説を立てる。
　−場合によって，予想や仮説を検証する実験の計画を推敲する。
　−予想もしくは仮説，場合によっては実験の計画を，クラスで発表する。
○生徒による問題の探究もしくは解明
　−グループで議論する。
　−変数の制御と変化を確認する。実験を記述し，実施する（図，文章）。
　−方法と結果を記述し，探究する。根拠や証拠の要素を追究する。先の予想や仮説と比べる。
○推敲された命題についての論証
　−推敲された解決方法，答え，獲得した結果，残された疑問をクラスで発表する。
　−命題を比べる。その有効性について議論する。論拠を追究する。

○知識の獲得と構造化
- 教師の支援をもとに，解決するために用いられる知（savoir）の新たな要素（概念，テクニック，方法）を明らかにする。
- 生徒に理解できるレベルを尊重しながら，グループで作り上げたものと確立されている知（資料，教科書など）とを比べる。
- 意見の対立の原因を調べる。実施した実験を批判的に分析する。補足の実験を提案する。
- 単元の終わりに，教師の支援をもとに，新しく獲得した知識を，記述によりまとめなおす。

○知識の活用
- 手続きの自動化，知識に関係する表現形式の習得を可能にする練習。言葉もしくは記号による形式，グラフによる表現など。
- 新しい文脈において獲得した知識の利用を可能にする問題。
- 知識とコンピテンスの評価。

探究の手続きは，生徒の現実世界に対する疑問と問題解決に基づくものであり，実施にあたっては，実験や観察，もしくは実物に対する生徒の直接的な働きかけが重視されている。探究の手続きを通して，生徒が知っておくべき，また将来利用することのできる，概念や定義などを身に付けるとともに，それらを活用するための方法の習得が図られることとなる。

3 「物理・化学」の学習内容

共通基礎の習得に向けて，「物理・化学」の学習内容は，小学校との接続を加味し，第5級から第3級に至る3年間を見通し構造化されたものとなっている。各学年における具体的な学習項目を，表4-1に示す[42]。

表4-1　2009年改訂「物理・化学」の学習内容

第5級	第4級	第3級
私たちの環境における水－混合物と純物質　（50%） 環境における水／水の混合物／均質混合物と純物質／水の状態変化／溶媒としての水 直流電気回路－質的学習　（25%） 電気回路／直列回路／分路を含む電気回路 光：光源と直進性　（25%） 光源，物体の光景	私たちを取り巻く空気から分子へ　（35%） 空気の組成／空気の体積と質量／理解するための分子の表現／燃焼／化学変化理解のための原子 直流電流の法則　（35%） 電流と電圧／双極子：抵抗／オームの法則 光：色，像，速さ　（30%） 有色の光と物体の色／レンズ，焦点，像／光の速さ	化学，物質変化の科学　（45%） 電気伝導性／イオンの識別テスト／塩酸と鉄の反応／化学電池と化学エネルギー／化学種の合成 電気エネルギーと交流電気回路　（40%） 発電所から利用者へ／電力と電気エネルギー 重力から運動エネルギーへ　（15%） 重力の相互作用／運動エネルギーと道路の安全性

注）表中のパーセントは，各項目に配分される学習時間の割合の目安を示す。

　第5級では，小学校での学習を延長し，現象学的なアプローチにより，学習テーマに対して生徒の関心を高めることを目的としている。化学，電気，光学の各分野における学習では，観察や実験に基づく概念の形成，質的な内容の取扱いが中心となっている。そして，第4級において，モデルや量的な取扱いを導入する。例えば，化学分野では，物質の物理的変化を説明するために分子が，化学的変化を解釈するために原子が導入されている。また，電気分野では，電流や電圧の大きさの測定，オームの法則などが取り扱われており，量的な関係が学習されている。光学分野では，像の形成と光の速さについて取り上げられている。このように，第5級から第4級にかけての学習内容の構成は，具体から抽象へと展開されている。そして，第3級では，これまでの学習内容を踏まえ，エネルギーを中心として，化学，電気，力学の各分野における概念の構造化と発展を図ることが主たる目的とされている。

「物理・化学」の教育プログラムは，共通基礎の習得に向けてどのように貢献できるかという視点から記述されている。各学年の具体的な学習内容は，学習テーマの概要，知識（connaissances），能力（capacités），コメント（commentaires）に分けて提示されている。

例えば，第4級の「私たちを取り巻く空気から分子へ」における，学習テーマの概要と，「空気の構成」，「空気の質量と体積」における記述は，表4-2に示すとおりである[43]。

知識の欄には，生徒に習得させるべき事柄が簡潔に記述されている。能力の欄は，「物理・化学」で育成すべき能力を学習内容に応じて具体化したものが示されており，学習を進める上での生徒の活動を想起することができる。そして，コメントの欄には，学習指導において留意すべき点と，学習に関係する収束テーマが示されている。また，学習内容の記述で，直立書体は，共通基礎に関わる教育プログラムの中心となる部分であり，斜体は，共通基礎を補完する部分を表している。このような表現方法を取り入れることで，学習の基礎となる部分を強調し，生徒に応じた教育的アプローチの導入とコンピテンスの評価を行うことができるよう配慮されている。

表4-2　教育プログラムの記述例－第4級「私たちを取り巻く空気から分子へ」

A－私たちを取り巻く空気から分子へ
　　ここでは，最初に，第5級で学んだ水と第4級で学習する空気の2つの事例から，分子を導入することを目的とする。分子の導入は，第5級で学習した，混合物と純物質の区別，状態変化と質量の保存に関わる水についての概念を再び用いることを可能にする。次に，燃焼の現象をよりどころとしながら，化学変化の学習と原子による解釈に至る。

知　　識	能　　力	コメント
空気の組成：私たちが呼吸する空気は何からできているか？それは純物質か？		
空気は酸素（体積の約20%）と窒素（体積の約80%）の混合物である。 酸素は，生命に必要である。 *気体と煙の区別。*	空気の組成と酸素の役割に関わる情報を，資料から抜粋する。	収束テーマ：持続可能な開発，安全性
空気の体積と質量：空気には体積があるか？質量があるか？		
気体は物質の状態の1つである。 気体は圧縮可能である。	空気の圧縮性を明らかにする実験を提案する。 仮説を有効もしくは無効にする。	
圧力は圧力計で測定可能な大きさである。 *SI単位系での圧力の単位はパスカルである。*	*圧力を測定する。*	
気体には質量がある。 常温常圧下での空気1Lの質量は約1gである。	体積を測定する。質量を測定する。 測定に不確かさが関係している（実験の条件との関係）ことを理解する。	単位の簡単な関係は第5級で取り扱われている。換算の練習は行わない。 収束テーマ：気象学と気候学

第3節　共通基礎習得に向けた「物理・化学」の学習指導と評価

1　教科書にみられる共通基礎の取扱い

　フランスでは，教科書の自由発行を原則としており，教科用として編集されていることにより，その図書が教科書として認められる。しかし，一般に教科書は，教育プログラムに準拠して編集・発行されている。一方で，教育プログラムに定める内容は教えられなければならないが，教えるための教材の選択は教員の自由である。そのため，教員は教科書を使用してもよいし使用しなくてもよい。教員は，教育プログラムの内容を教えるために，様々な教科書出版社の教科書や指導資料を参考にしながら，児童・生徒の実情に応じた教材を選択している。時には，採用している教科書以外の教科書に掲載されている内容をプリントにして使用する場合もある。教科書には，様々なレベルの練習問題が豊富に掲載されており，生徒の自学自習のツールとして利用することが可能となっている。教科書の役割には，学習内容を提示するとともに，問題集や資料集に類似する機能が含まれている。

　教育プログラムへの共通基礎の導入に伴い，教科書においても共通基礎の育成に向けた記述が見られるようになった。教科書には，教育プログラムの学習内容が掲載されており，生徒がどのような知識や能力を習得するのかが示されている。そして，例えば，Hatier社やHachette Éducation社の教科書[44]では，単元の記述の中で，共通基礎に関わる目標や内容，練習問題が明らかにされている。また，資料のページや練習問題のページでは，収束テーマや科学史，他教科などとの関わりが提示されている。このように，教師や生徒に，共通基礎として必ず習得すべき内容は何かが明確にされている。

　また，教育プログラムでは，共通基礎の科学的テクノロジー的教養の習得に向けて，学習活動に探究の手続きを取り入れることが述べられていることから，教科書においても探究の手続きについて取り上げられるように

なっている。例えば，Hatier社の第3級の教科書では，各章において探究の手続きのページが作成されており，教育プログラムに示された能力の欄を参考にした課題が設定されている。「水溶液中の電流」では，表4-3の課題が提示されている[45]。

表4-3 Hatier社の教科書にみられる探究の手続きの取扱い

〈私の探究の手続き（Ma démarche d'investigation）〉

実験の能力（capacité expérimentale）
：Cl^-，Cu^{2+}，Fe^{2+}とFe^{3+}のイオンを識別する実験を実施する（共通基礎）。

　有色の水溶液について授業で説明するため，コレージュの実験助手が，色のついた液体を入れた6本の試験管を準備しました。3本は，分子でできた食品の色素（オレンジ，緑，青）が入っています。その他の3本は，塩化鉄（Ⅱ），塩化鉄（Ⅲ），硫酸銅の，イオンを含む水溶液が入っています。
　不運にも，実験助手は試験管に印をつけていなかったため，整頓してならべたときに，どの試験管に何が入っているかわからなくなってしまいました。
　「それぞれの試験管のなかみを同定するために，どのような実験を実施しなければならないでしょうか？」
○私は考える
　それぞれの試験管のなかみを確かに同定するために実施する実験を考えなさい。実験に必要なもののリストをつくりなさい。
　先生にあなたの方法を提案しなさい。
○私は実験する
　教師の許可を得て，実験しなさい。
　注意：慎重に，静かに操作しなければなりません。
　順番に観察したことを記録しなさい。
○私は結果を発表する
　次に，調べたことを報告書にまとめなさい。
　以下のことを書く必要があります。
　　－実施した実験とその結果（図による表現も可能）。
　　－実験から導かれるそれぞれの試験管のなかみについての結果。

第4章　科学的教養の具体化とその習得に向けた物理・化学教育の新たな潮流

```
名前 _____          日付：_____
クラス _____ （0.5点）

          ┌─────────────────────────────────┐
          │     実習のタイトル　（0.5点）      │
          └─────────────────────────────────┘

  ┌──────┬──────────────────────┬──────────┐
  │ 得点 │    評価，備考         │  サイン  │
  │      │                       │          │
  │      │                       │          │
  │ ／20 │                       │          │
  └──────┴──────────────────────┴──────────┘

 Ⅰ．実習の目的　（2点）           ・表現　（1点）
 Ⅱ．実験                          ・計画の遵守　（1点）
   1) 実験方法の記述，説明の図（6点）・自主性　（1点）
   2) 観察　（2点）                ・指示の遵守　（2点）
 Ⅲ．結果　（2点）                 ・整頓，清潔さ　（2点）
```

注）括弧の中の点数は，評価の際の配点例を示している。

図4-1　報告書の形式

まず，解決すべき具体的な問題に出会わせる場面が設定されている。問題は，その章でねらいとされている能力の内容に限定されたものである。次に，これまでの知識を動員して仮説を立て，実験方法の検討がなされている。そして，実験計画について教師の承認を得てから，問題を解決するための実験が実施される。この場面では，教師が生徒の実験のスキルを評価することが可能となっている。最後に，図4-1に示すような形式の報告書を作成することにより，知識の習得状況の把握と，言葉や表現方法を学ぶ機会が設定されている。

また，Nathan社の教科書では，練習問題の中で，探究の手続きに関する問題が提示されている。例えば，第3級の「酸・アルカリ水溶液」で

は，表4-4に示す練習問題が取り上げられている[46]。

表4-4　Nathan社の教科書の練習問題にみられる探究の手続きの取扱い

〈説明〉アントンとレアは台所で食事の準備をしています。前菜のメニューは赤キャベツです。　　　　　　　　　　　　　　（イラスト省略）

　アントン：「レモン果汁に含まれる水で，赤キャベツが変色すると思います。」

　レア：「赤キャベツは紫色だけれども，レモン果汁の酸でピンクになります。」

1. イラストを観察しなさい。
2. レアとアントンの仮説を述べなさい。
3. 仮説を検証するための実験を考えなさい。
   ・いろいろなpHの液体に触れることでキャベツの色は変わるでしょうか？
   ・アントンの仮説をどのように検証できるでしょうか？
4. 必要な器具のリストを作成しなさい。
5. 教師の許可を得て，実験しなさい。
6. 結論づけなさい。
   ・実験の報告書を作成しなさい。
   ・2人の理由のどちらが正しいでしょうか？
   ・化学の中で，赤キャベツ液をどのように使うことができるでしょうか？

　これらの事例から，探究の手続きとして，生徒を動機付ける状況問題の提示と課題の把握，仮説の設定，解決方法の検討と実施，結論の導出と知識の構造化，習得した知識の利用の，各段階が設定されていることがわかる。これは，教育プログラムで提示された，探究の手続きの7つの段階に対応している。このように，学習した内容を異なる文脈で用いて思考する場面を設定することで，学習内容に関する理解を深めるとともに，科学的テクノロジー的教養のコンピテンスの育成が図られていると考えられる。

第4章　科学的教養の具体化とその習得に向けた物理・化学教育の新たな潮流

2　共通基礎習得に向けた授業構成
(1) 共通基礎を構成するコンピテンスの習得方法

　これまでに述べたように，フィヨン法に基づく今日の学校教育では，共通基礎のコンピテンスの育成が求められている。つまり，伝統的な文化と価値の伝達から，変化し続ける社会に対応していくために必要とされるコンピテンスの育成へと，学校の役割の転換が図られているのである。コンピテンスそのものの特徴は，以下のように捉えられている[47]。

- ・分野横断的……コンピテンスは，多くの教科に関わっており，多様な状況の中で育成されるものである。
- ・文脈化と非文脈化……コンピテンスは，具体的な場面，現実生活の中で遭遇するような状況の中で習得，評価されるべきである。
- ・複雑性……コンピテンスを用いる課題や状況はもともと複雑であるため，様々な知識，スキル，能力，態度の集結を必要とする。
- ・統合……コンピテンスは，様々な教科の学習，知識，能力，態度を統合する。

　政令「共通基礎」に示されたとおり，科学的テクノロジー的教養は，知識，能力，態度で構成されている。それぞれの要素は，領域に関わる知識を持っていること，様々な状況において知識を使うことができること，適切なふるまいや態度をとることにより，評価することができる。しかし，科学的テクノロジー的教養のコンピテンスの育成にあたっては，知識，能力，態度のそれぞれを習得するだけではなく，それらを連携し，統合していくことが求められている。なぜならば，コンピテンスは，現実の文脈においてふるまうことのできる知識の操作のかたちであり，実際の状況の中で訓練されるものであると考えられているからである。

　授業においてコンピテンスを育成するためには，学習の課題を提示する段階で，知識に意味を与え，知識の必要性を見出すことのできるような状況を設定することが必要とされている。例えば，「レモネードの中に二酸

化炭素が含まれていると思うので，二酸化炭素を検出する方法が知りたい」といったように，習得すべき内容を文脈の中に位置付けることで，単に「二酸化炭素の検出方法を知る」という義務的な学びではなく，知識の必要性に基づく学びを構成することができる。つまり，教師は，コンピテンスの習得に向けて，学習者の学びのガイドやファシリテーターとして，学習の状況を設定し，必要な情報を提供する役割を果たすことが求められている。一方，学習者は，疑問を解決するために必要とされる知識，能力，態度を発展させながら知（savoir）を構成することとなる。このことから，学習活動の展開では，問題提起，仮説の設定と論証，観察・実験などによる仮説の妥当性の検証，知の構築といった過程を経る，探究の手続きを取り入れることが重視されている[48]。

（2）学習活動の展開事例

第4級の化学分野では，物質を理解するために，粒子のモデルが初めて取り入れられる。教育プログラムでは，「私たちを取り巻く空気から分子へ」と題して，空気の組成，空気の体積と質量，理解するための分子の表現，燃焼，化学変化を理解するための原子に項目立てられている。特に，分子モデルが導入される「理解するための分子の表現」では，習得が目指される知識，能力，そしてコメントについて，表4-5のとおり記述されている[49]。

表4-5　教育プログラム－第4級「私たちを取り巻く空気から分子へ」

知　識	能　力	コメント
気体は分子からなる。	実際とシミュレーションの相違を認識する。 解釈するために分子の概念を用いて以下について論証する。 －気体の圧縮性 －純物質と混合物の相違	解釈に必要な現象に限定する。

第4章　科学的教養の具体化とその習得に向けた物理・化学教育の新たな潮流

水の三態を分子モデルで表す。 －気体の状態は，散らばり，無秩序である。 －液体の状態は，密集し，無秩序である。 －固体の状態は，密集し，整列している。	解釈するために分子の概念を用いて以下について論証する。 －水の三態の相違 －*水の状態変化における質量の保存* －*水の非圧縮性*	
混合物を分子モデルで表す。	解釈するために分子の概念を用いて以下について論証する。 －空気中の気体の拡散 －水の中の溶質の拡散（砂糖，色素，酸素など） *実際のシミュレーションの相違を認識する。*	このモデル化では，分子性の溶質の事例に限定する。

注）斜体は，共通基礎を補完する部分を示す。

　地方視学官の編集のもと，教師向けに作成された授業書では，「理解するための分子の表現」の学習内容として，表4-6の展開事例が提示されている[50]。

表4-6　第4級「理解するための分子の表現」の学習展開事例

(1) 物質の三態を分子モデルで示す
　①純物質：固体，液体，固体の分子の配列とその特徴の説明，モデルの図示
　②混合物：固体，液体，固体の分子の配列とその特徴の説明，モデルの図示

(2) 空気は圧縮できる。水は圧縮できない。なぜだろうか？
　目的：①水の非圧縮性を提示し，それを説明する。
　　　　②空気の圧縮性を提示し，それを説明する。

207

①水の場合
　実験：注射器に水を入れ，栓をしてシリンダーをおす。
　結果と考察：水は圧縮することができたか？／液体で分子はどのようにならんでいるのか？／なぜ水を圧縮できないのか説明しなさい。
②空気の場合
　実験：注射器に空気を入れ，栓をしてシリンダーをおす。
　結果と考察：空気は圧縮することができたか？／気体で分子はどのようにならんでいるのか？／なぜ気体を圧縮できるのか説明しなさい。／空気を圧縮したときの様子を図示しなさい（分子の数と大きさに注意）。

(3) 質量の測定
目的：①氷の融解における質量の保存を提示し，それを説明する。
　　　②溶質の分子の溶媒への拡散を説明する。
　　　③染料が水に溶解するときの質量の保存を提示し，それを説明する。
①水の融解
　実験：氷が融解する前と後の質量をはかる。
　結果と考察：氷が融解するとき，分子はなくなったのか？／氷が融解するとき，新しい分子が生じたのか？／氷と水の中の分子の様子をかきなさい（分子の数に注意すること）。／なぜ融解するとき質量は保存されるのか？
②色水をつくる
　実験：水と染料を混合する前と後の質量をはかる。
　結果と考察：
　〈混合〉実験の終わりに，染料は水の中に見えるか？／染料の分子は固まりになっているのか？／以下の文章を完成させなさい。；染料の（　　　）は水の中に拡散した。
　〈質量の保存〉混合したとき，分子はなくなったのか？／混合したとき，新しい分子が生じたのか？／分子を用いて水の様子とできた色水の様子をかきなさい（分子の数に注意すること）。／なぜ染料を水に混合するとき質量は保存されるのか？

第4章　科学的教養の具体化とその習得に向けた物理・化学教育の新たな潮流

> (4) 分子モデルの変遷から実在の分子へ
> 資料：デモクリトスの仮説／ドルトンの原子説／分子の存在の確認（省略）
> 問題：資料やインターネットの情報を用いて，以下の問いに答えなさい。
> ・《原子》の語源は何ですか。
> ・ドルトンの著書名をフランス語訳しなさい。
> ・フランクリンの実験では，$2cm^3$ の油が $2000m^2$ に広がったことがわかっています。油の層が $10^{-9}m$ となることを示しなさい（$1m=100cm$；$1m^2 = 10000cm^2$；$10^{-9} = 1/10^9$）。
> ・氷や水における分子の配列を想起しなさい。
> ・フランクリンは雷に興味を持ち，雷から身を護るために有益なものを作りました：それは何ですか。
> ・ドルトンは視覚上の問題を抱えており，それは彼の名前から "daltonisme" と呼ばれます。これはどのような問題だろうか。
> ・今日の電子顕微鏡の倍率を調べなさい。

　第5級での学習事項を踏まえながら，教育プログラムに示された知識と能力を習得させるために，学習内容が順序だてて示されている。分子モデルを提示し，解釈する事象を純物質から混合物へと拡張するとともに，実験で観察された現象を分子モデルで解釈する機会を設定することで，分子モデルの有効性を実感させることができると考えられる。また，科学史に関わる資料を用いた学習が取り入れられており，人間の営みとしての科学に対する興味・関心の喚起が図られている。そして，資料を用いた学習では，分子についての多面的に理解するとともに，学習に必要とされる情報を図書やインターネットなどから取得し，情報を読み取る能力が育成されている。このように，教育プログラムに示された「物理・化学」に関わる知識と能力の習得とともに，場面に応じて，科学的テクノロジー的教養以外の共通基礎のコンピテンスの育成も企図されていることが窺える。

(3) コレージュにおける授業の実際[51]
　2008年2月，パリ市内にある契約私立学校において，第5級の物理・化

学「状態変化と温度」の授業の非参与観察を行った。契約私立学校では，公立学校と同様に，教育プログラムに基づく授業が行われている。この事例をもとに，コレージュにおける「物理・化学」の授業の特色を分析する。

「状態変化と温度」に関わる内容は，2007年改訂の教育プログラムでは，第5級「私たちの環境における水－混合物と純物質」にある「水の状態変化，現象学的アプローチ」の項目で，表4-7のように記述されている[42]。

表4-7 第5級「状態変化と温度」に関わる教育プログラムの記述

知識	能力	活動例
日常用いる温度の単位の名称と記号：摂氏（℃） 純物質の状態変化では，温度変化の水平部分が現れる。	温度を知るために温度計やセンサーを用いる。 純物質の状態変化の実験で得られた結果からグラフをかき，データ処理する。	水の凝固と温度変化の様子（必要に応じてコンピュータを用いる） 濃い食塩水を用いた場合の実験と比較
純物質の温度上昇にはエネルギーの供給が必要である。 純物質の融解と蒸発にはエネルギーの供給が必要である。 水の沸騰する温度は圧力に関係している。 常圧下での水の状態変化の温度	水の沸騰する温度に対する圧力の影響を観察する。	蒸留水の加熱と水の温度変化，沸騰の実験 水以外の純物質の状態変化の学習（例：シクロヘキサンの凝固） 減圧下（吸引ビンと流水ポンプによる）での沸騰の実験

教師は，教育プログラムの記述と生徒の実情とを考え合わせ，学習内容に関わる多様な資料を参考にして，独自の授業を作り上げている。授業は約45分間で，生徒28名に対して演示実験用教室で実施された。概要を表4-8に示す。

表4-8 「状態変化と温度」の授業概要

導入：学習内容の概要説明
展開1：水の蒸発
　①シミュレーション実験－実験方法，観察される現象の説明
　②活動：実験データの表の作成
　③活動：実験データのグラフ化－グラフのかき方の指導
　④グラフの説明：各段階の物質の状態の記述／観察される現象の記述／蒸発が起こっている時間帯の確認／粒子の運動による物質の状態の説明
　⑤グラフから読み取ることができることについての記述
　⑥結論の記述
展開2：食塩水の蒸発
　①活動：実験データの表の作成
　②活動：実験データのグラフ化
　③グラフの説明：温度変化の特徴／物質の状態の記述
　④結論の記述
次時予告，宿題の提示（教科書を用いた本時の復習）

　教室に設置されたモニタで，シミュレーション実験を生徒に提示するとともに，教師の作成したプリントに沿って授業が進められた。生徒用プリントの構成は，表4-9のとおりである。

表4-9 「状態変化と温度」学習プリントの構成

1. 水の蒸発
　実験方法／各時間における水の温度の表／温度変化のグラフの作成／グラフの特徴を読み取る／結論
2. 食塩水の蒸発
　実験方法／各時間における食塩水の温度の表／温度変化のグラフの作成／結論
3. 水の沸騰する温度と圧力
　実験方法と結果の記録／結論

4. 水の状態変化と温度
   常圧下での温度／圧力変化と温度
5. 状態変化と質量
   実験観察と結果の記録／結論
6. 状態変化と体積
   身のまわりの現象の考察／結論

　一方，生徒に貸与されていたHatier社の教科書では，「状態変化と温度」の内容は，表4-10に示すとおり展開されている[53]。

表4-10　教科書にみられる「状態変化と温度」の内容

第8章　水の沸騰，温度と圧力
　活動：水が沸騰するまでに温度はどのように上がるか。／沸騰に圧力はどのように影響するか。
　講義：沸騰と状態変化／沸騰と温度／沸騰する温度と圧力
　資料：どのようにグラフをかくか。／トリチェリと大気圧／沸騰する温度，高度と圧力
　探究活動：実験結果を伝えるために，どのようにグラフ化し，それを活用するか。
第9章　純水や混合物の溶解と凝固
　活動：状態変化するとき質量と体積はどうなるか。／水が凝固するとき温度はどう変化するか。／混合物が凝固するとき温度はどう変化するか。
　講義：状態変化するときの質量と体積／凝固するときの温度－純物質：水，混合物：コーラ
　資料：ミクロの世界の旅－物質の粒／道にまく塩／氷が融けると水位は上昇する。
　探究活動：シクロヘキサンが純物質であるか混合物であるかは，どのようにすればわかるか。

　本時では，「水の蒸発」と「食塩水の蒸発」について学習がなされてい

た。プリントの内容は，教育プログラムの知識と能力を踏まえたものとなっており，使用されている教科書に示された展開ともおおよそ一致していた。授業では，プリントをもとに教師主導の授業が展開されており，生徒は，プリントの決められた場所に教師の言葉を書き取っていた。

授業展開とその内容から，本時は，実験データをもとにしたグラフの作成とグラフを解釈する能力の育成，さらにその解釈をもとに純物質と混合物の状態変化における温度変化の違いを理解させることに重点をおいた指導がなされていたと考えられる。特に，実験データからのグラフ作成は，初めて取り扱う内容であり，今後の学習を見据えた丁寧な指導がなされていた。また，復習のために教科書から出題された宿題は，表4-11のようなものであった[54]。

表4-11　復習のため提示された教科書の練習問題

5. 沸騰のグラフの作成

水を加熱して，12分間にわたり温度を上昇させました。温度を測定した結果が，以下の表のデータです。

t（分）	0	2	4	6	8	10	12
T（℃）	20	40	60	80	100	100	100

時間の変化による温度の変化を表すグラフを作成しなさい。

縦軸は20℃で1cm，横軸は2分で1cmの目盛とします。

11. グラフの軸の選択

アレクシアは，時間（t）の変化による温度（T）の変化を示します。彼女はどの軸のグラフを選択するべきでしょうか。あなたの答えを説明しなさい。

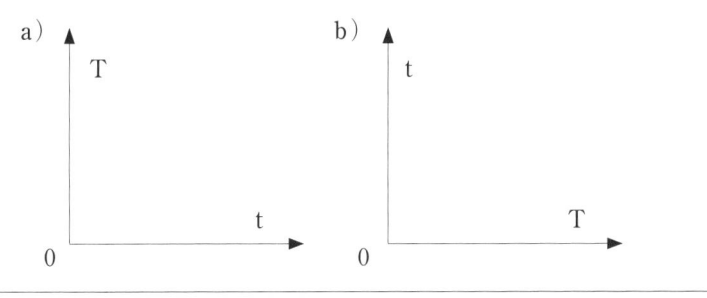

このことから，教育プログラムの能力の欄に示された，「状態変化の実験で得られた結果からグラフをかき，データ処理する」能力を育成しようとする，本時における教師の意図を窺うことができる。

　実際の授業では，教育プログラムの学習内容に示された知識と能力の記述内容の育成を中心としながら，場面に応じて，共通基礎のコンピテンスの育成が行われていると推察される。

3　科学的テクノロジー的教養の評価規準

　今日のコレージュの「物理・化学」では，政令「共通基礎」に示された，科学的テクノロジー的教養を中心とするコンピテンスの習得を目指した学習指導が実施されている。政令では，共通基礎の習得状況の評価について，以下のように述べられている[55]。

　　　　共通基礎の内容の要求は，評価の要求と切り離すことができない。学習期による学習リズムに応じて，共通基礎の習得の中間の段階が決定される。
　　　　共通基礎の習得の様々な段階の要求に対応して，評価のツールが教員に提供される。
　　　　個人票簿（livret personnel）により，児童・生徒とその保護者，教師は，コンピテンスの漸進的な習得状況を把握することができる。

　この方針に基づき，2007年10月，生徒の共通基礎の習得状況を評価するための具体的な指針として，科学的テクノロジー的教養に関わる「規準一覧（Grille de référence）」が試行的に作成された。科学的テクノロジー的教養の評価項目は，知識と能力に関わる「科学とテクノロジー」と，「科学的手続きもしくは問題解決の実施」の2つの大項目で構成されている。そして，それぞれの項目について，小学校の基礎学習期（第1・2学年），深化学習期（第3～5学年），コレージュの適応期（第6級），中間期（第5・4級），進路指導期（第3級）の各学習期の終わりまでに身に付けるべき内

容が記述されている。例えば，第3級の終わりでは，表4-12の内容が示されている[56]。

表4-12 第3級の終わりにおける科学的テクノロジー的教養の評価規準

○科学とテクノロジー

義務教育段階の終わりに期待される知識と能力	第3級の終わりに期待される共通基礎の要素
地球と宇宙を構成する主要な特徴がわかる。	地球は重力に支配された太陽系の1つであることを知っている。
	宇宙，物質，生物は，たくさんのシグナル，特に光の伝播の中に存在している。
	地質学上の年代の地球の主たる特徴がわかる。
物理学的，生物学的視点から物体（無生物と生物）の主要な特徴がわかる。	電気伝導性について簡単に説明できる。
	化学変化の主たる特性がわかる。
	利用される材料の選択を説明する。
生物の組織の統一性と多様性を知っている。生物組織の機能の様式がわかる。種が進化することを知っている。人体とその働きがわかる。	分子レベルで生物の統一性を特徴付ける。
	生物の共通性をともに，類似関係や種の進化を理解する。
	生物界において確認されている変化と大規模な地質学的現象との関係を知る。
	ヒトの生殖，発達，機能がわかる。
	ヒトの活動に関する知識を習得する。
	生殖医療，輸血，細胞や組織の移植，臓器移植の技術がわかる。
様々なエネルギーとその利用がわかる。エネルギーを変換することができることを知っている。	エネルギーが異なる形態を示すことを知っている；電気エネルギーとその重要性がわかる。
	動いている物体はエネルギーを持っていることを知っている。
	化石エネルギーの源と再生可能エネルギーがわかる。
	エネルギーの消失の特定ができ，効率の概念がわかる。
	いろいろなエネルギー源とそれによる汚染の関係がわかる。

技術物の利用の機能と条件，及びそれらの環境に与える影響について描写する。技術物の生産がエネルギーと物質の制御を必要とすることを知っている。	技術物の役割の一般的な原理を描写する。 技術物の機能と構造を図表で提示する。 原材料の起源とその利用可能性を同定する。 原料の加工や再利用により，材料を獲得する方法を簡潔に描写する。 持続可能な開発との関わりにおいて，加工や再利用の影響を把握する。 技術物に利用可能なエネルギー源を列挙し，パフォーマンス，効率，コスト，環境への負荷について，影響を明らかにする。

○科学的手続きもしくは問題解決の実施

科学的テクノロジー的手続きの実践，問題の解決	状況の中で評価する知識と能力
役に立つ情報（記述，口述，観察されたもの）を探す，抜き出す，整理する。	観察する，情報を調べる。 －活動テーマに関係する資料，情報を読み取る。 －観察された事実から情報を読み取る。 －大きさを記述する。 －確定していることと，証明や反論することを区別する。
	情報を利用するために整理する。 －有益な情報を選択し再構成する。 －記号，指示，図を解釈する，コード化する。 －表計算ソフトを用いる，情報を具現する。
実現する，操作する，測定する，計算する，指示を応用する。	指示を守り技術的にふるまう。形式を用いる。 －与えられた方法に従う（プログラムに従う，図をもとに実験を実施する，測定器具を使う）。 －測定する（大きさを読む，測定の精度を見積もる，測定の条件を最適化する）。 －計算する，公式を利用する。 －技術物の全体もしくは部分を作成する。
	指示に応じて，グラフ，表，図を作成する。 約束事を尊重し，科学的，技術的な図を描く。

思考する，論証する，実験的もしくはテクノロジー的な手続きを実施する。	質問する。問題を同定する。予想もしくは仮説を立てる。 －科学的テクノロジー的取扱いに適切な状況を把握する。 －仮説，予想を立てる。
	アルゴリズム，方法，実験手順，プログラムを構想し，実施する。 －適切な方法，計算，実験（方法），器具を計画し，試す（選択する，方法を適合させる）。 －論理，定理，公式，実験方法，技術を用いる。 －簡単なアルゴリズムの記述と対応するプログラムを実施する。
	結果を検討し，利用する。 －実際の結果と期待される結果を比べ，予測，仮説の妥当性を確かめる。 －測定の精度を見積もる。 －アルゴリズムと簡単なプログラムの妥当性を評価する。
一連の手続き，得られた結果を示す。言葉もしくは科学的テクノロジー的な道具を用いてコミュニケーションする。	適切な形式で，観察，状況，結果，解決方法を提示する。 －正しい文章（表現，語彙，意味）で，結果，解決方法，結論を述べる。 －適切な表現をする（図，グラフ，表など）。 －測定，計算の結果を述べる（単位，明確さなど）。
	解決の手続きの段階を，記述もしくは口述する。 －考えを表現し説明する（論理，厳密さ，語彙の明確さ）。

「科学とテクノロジー」では，共通基礎に示された科学的テクノロジー的教養の知識の9つの項目が，地球と宇宙，物質，生物と人体，エネルギー，技術物の5つ項目に再構成されている。そして，習得が期待される共通基礎の要素に示された内容は，第3級における「物理・化学」や「生命・地球科学」，「テクノロジー」の教育プログラムに示された学習内容に対

応したものとなっている。また,「科学的手続きもしくは問題解決の実施」では,共通基礎の科学的テクノロジー的教養の能力において示された内容を4つの項目にまとめ,習得すべき内容が具体化されている。

それぞれの評価項目には,評価を実施する際の留意点が示されている。例えば,「科学とテクノロジー」の物質に関する内容について,コレージュの各段階で表4-13のような記述がみられる[57]。

表4-13 科学的テクノロジー的教養の評価を実施する際の留意点

期待される共通基礎の要素	評価のための指示
・適応期(第6級の終わり)	
物質は,より簡単なものからより複雑なものに,無生物から生物へ組織されることを明らかにする。 物質の主たる特性がわかる。 生き物と無機物と区別できる。 生物をつくる物質の由来がわかる。 物質がどのグループに属するかを明らかにする。 物質をその特徴により分類する。	物質と生物は身近な環境の学習から取り組まれる。 葉緑体を持つ生物と持たない生物の栄養の必要性を簡単な方法で定義しなければならない。 物質は,簡単な物理的性質をもとにしたグループにより分類される。
・中間期(第4級の終わり)	
物質の状態の特性がわかる。 混合物と純物質を区別できる。 物質の変化と反応(化学的,生物学的,物理学的,地質学的)を描写,説明する。	混合物と純物質の概念同様,物質の物理的状態の特性は水と空気の学習から取り組まれる。
状態変化の主たる特性がわかる。 化学変化の主たる特性がわかる。 呼吸の仕組みがわかる。	状態変化は水をもとにした現象学的アプローチにより取り組まれる。 取り扱う化学変化と原子による解釈は,燃焼の反応にとどめる。 呼吸の仕組みは,環境の占有との関係の中で,動植物について取り組まれる。
材料がどの種類に属すかを示す。	同じ種類の中で,材料の分類は物理的特性から取り組まれる。

第4章　科学的教養の具体化とその習得に向けた物理・化学教育の新たな潮流

・進路指導期（第3級の終わり）	
電気伝導性について簡潔に説明することができる。	金属や水溶液の電気伝導性は，電子とイオンの概念を用いて平易なレベルで取り扱われる。
化学変化の主たる特性がわかる。	学習される化学変化は鉄と塩酸の反応にとどめる。
利用される材料の選択を説明する。	利用する材料の選択の説明は，技術物への必要性と再利用の可能性から取り組まれる。

　記述内容から，適応期では教科の構成により「生命・地球科学」と「テクノロジー」を中心に，中間期以降はさらに「物理・化学」を加え，それぞれの教育プログラムに基づく物質に関わる内容と対応した指示となっていることが窺える。このように，科学的テクノロジー的教養の評価は，「生命・地球科学」，「物理・化学」，「テクノロジー」を中心とする各教科の評価を総合したものとなっている。

　2009年9月には，義務教育段階の終わりにおける共通基礎全体についての評価規準が示された。科学的テクノロジー的教養の評価規準は，前述の試行版の「規準一覧」を改訂して作成されている。情報の取扱い，操作の実施と計算，実験的技術的手続きの実施，手続きや結果の表現の4つの項目からなる「科学的もしくはテクノロジー的手続きの実践と問題の解決」，宇宙と地球，物質，生物，エネルギー，技術物の5つの項目からなる「様々な科学的領域における知識の習得」，「環境と持続可能な開発に関わる問題を理解するための知識の動員」に分けて，規準が提示されている[58]。

表4-14 「第3段階における共通基礎知識技能習得証明書」の科学的テクノロジー的教養の記載欄の記述

コンピテンス3：数学の主要原理と科学的テクノロジー的教養
科学的テクノロジー的手続きを実践する，問題を解決する。 　　　　　　　　　　　　□習得している　□習得していない
知識とコンピテンスを活用する，問題解決のために論理を導く，科学的テクノロジー的手続きを実践する。 －有益な情報を探す，抜き出す，整理する。 －実現する，操作する，測定する，計算する，指示を適用する。 －思考する，論証する，実験的テクノロジー的手続きを実践する，証明する。 －一連の手続き，得られた結果を示す，適切な言葉で伝達する。
様々な科学の領域の知識を利用することができる。 　　　　　　　　　　　　□習得している　□習得していない
宇宙と地球：宇宙の構造；地球の構造と地質学的時間の変遷，物理的現象 **物質**：物質の主たる特徴，状態とその変化；物質の物理的化学的特性；電気的ふるまい，光の相互作用 **生物**：統一性と多様性；生物の機能，種の進化，人体の組織と機能 **エネルギー**：いろいろなエネルギー，特に電気エネルギー，エネルギーの変換 **技術物**：分析，構想と実現；機能と利用の状況
環境と持続可能な開発に関係する問題を理解するために知識を活用する。 　　　　　　　　　　　　□習得している　□習得していない
コンピテンス3を　□習得している　□習得していない

注）□にチェックを記入する。科学的テクノロジー的教養のみを抜粋している。

　最終的に，共通基礎の7つのコンピテンスの修得状況を評価した結果は，「第3段階における共通基礎知識技能習得証明書（attestation de maîtrise des connaissances et compétences de socle commun au palier 3）」に記載される。このうち，科学的テクノロジー的教養の記載欄は，表4-14のとおりである[59]。

評価規準に対応して，記載すべき評価項目が設定されており，小項目の評価を総合して習得か未修得を記述する形式となっている。政令「共通基礎」で示された態度に関する評価項目はみられないが，環境と持続的な開発に関わる問題を理解するための知識の活用が加えられている。知識の習得とともに，知識を作るための手続きと，知識を異なる文脈で活用する能力が重視されていることが窺える。科学的テクノロジー的教養のコンピテンスを評価するにあたっては，関係教科である「物理・化学」，「生命・地球科学」，「テクノロジー」を担当する各教員の協議が求められている。

4 「物理・化学」における評価
(1) 評価問題の事例

「物理・化学」の教育プログラムでは，学習のそれぞれの場面において，診断的評価，形成的評価，総括的評価を取り入れながら指導していくことが述べられている。さらに，共通基礎の育成を考慮して，物理や化学の固有の知識に関係するコンピテンスについてのみ評価するのではなく，例えば，フランス語の習得のように，横断的なコンピテンスの総体についても等しく評価を実施することが求められている。そして，評価を行う前に，生徒に対して，期待される学習の目標を明らかにするため，自己評価を行うため，学習の改善を図るために，知識と能力が明確な方法で提示されることが必要とされている[60]。

このような評価活動の方針のもと，教師向けの授業に関わる参考書によると，例えば，第4級化学分野「理解するための分子の表現」の学習活動では，総括的な評価問題として，実験と単元全体に関わる，表4-15のような評価問題が例示されている[61]。

表4-15　第4級「理解するための分子の表現」の評価問題

〈実験に関わる評価〉溶解における質量の測定
目的：溶解における質量の変化を調べる。
準備：電子天秤，水，砂糖，ビーカー，スプーン

実験手順：
　①電子天秤を0に合わせる。砂糖をのせ，砂糖の質量を記録する。
　②電子天秤を0に合わせる。ビーカーの真ん中まで水を注ぎ，水の質量を記録する。
　③天秤にビーカーを置いたまま，水に砂糖を加えて溶かす。
　④砂糖水の質量を記録する。
　⑤片付ける。
結果と考察：
　①砂糖の質量と水の質量をたしなさい。
　②砂糖水の質量と①の結果を比べなさい。
　③文章を完成させなさい。
　　　溶解において質量は（　　　）。なぜならば，分子の数は（　　　）。
評価の観点：
　・実験技能（15点）
　　測定値の取扱いと単位（6点），電子天秤の使い方（2点），溶解の実験操作（2点），片付けと整理整頓（1点），白衣の着用（1点），実験態度（2点）
　・理論（5点）
　　砂糖の質量と水の質量の合計（1点），合計の質量と測定した質量の比較（2点），結論の記述（2点）

〈全体に関わる評価〉
○分子の配列
　①それぞれの分子の配列を，関係する物質の状態と結びなさい。
　　　分子が散らばっており，激しく動く・　　・固体
　　　分子の間隔が狭く，ほぼ動かない・　　　・液体
　　　分子の間隔が狭く，動く　　　　・　　　・気体
　②次に示す言葉を用いて，物質の状態と分子の配列を説明する文章を完完成させなさい。（省略）
○気体の圧縮性
　①気体は圧縮できます。これはどのようなことか説明しなさい。
　②なぜ気体は圧縮できるのでしょうか？気体の分子のふるまいを踏まえ

て記述しなさい。
○物質のいろいろな状態における分子
　ピエールは，純物質の液体，純物質の固体，純物質の気体，混合気体，液体に溶解した固体のモデルをかきました。次に示す図から，対応する表現を選びなさい。（図省略）
○香水の拡散
　アナイスは，皿に少量の香水を注ぎました。彼女から数メートル離れた所にいたマキシムは，香水の香りにすぐに気づきました。
　①全部の香水が液体の状態で残っていますか？
　②分子のふるまいに関する知識を用いて，マキシムが香水の香りに気づいた理由を説明しなさい。
○固体と液体
　固体は決まった形を持っています。液体は入っている容器の形に従います。この違いを，固体状態と液体状態の分子のふるまいによって説明しなさい。
○圧縮された空気
　マリンは自転車のタイヤが少ししぼんでいるのに気づきました。それを直すために，ポンプを使ってタイヤのチューブに空気を送り込みました。以下の文章のうち，あてはまる言葉を○で囲みなさい。
　タイヤがふくらんだとき：
　－タイヤの中の空気に含まれる分子の数は　増えた：変わらない：減った
　－タイヤの中の空気の質量は　増えた：変わらない：減った
　－空気の分子は　さらに拡散：あまり拡散していない：同じくらいの拡散

　評価の観点の記述から，実験に関わる評価では，評価規準に示された科学的手続きに関わる内容を中心とした評価が想定されているといえる。一方，単元全体に関わる評価の問題は，教育プログラムに示された知識と能力を評価するための問題となっており，学習した分子モデルを日常生活にみられる現象の解釈に応用する場面が設定されている。答えを導くために必要な情報を与え，新たな現象について言葉で説明させることで，生徒の学習内容に対する理解の状況を把握することができると考えられる。

(2) 授業における評価問題の実際[62]

2009年10月，パリ市郊外の公立コレージュにおいて，「物理・化学」の授業の非参与観察を行った。観察した時期は1学期の最終週であり，期末の最後の授業で試験（contrôle）が実施されていた。

第5級では，電気回路の学習が行われており，試験に向けて準備すべき内容に関するプリントが生徒に事前に配布された。その内容を表4-16に示す。

表4-16　第5級「電気回路」－試験に向けて準備すべき内容

知識（＝～を知っている）	能力（＝～ができる）
電気回路　（安全上の理由から，局部電流を伴う実験は実施しない。）	
発電機は，電球の点灯や，モーターの起動に必要である。 発電機は，電気エネルギーを，他のエネルギーに変換する電球やモーターに移動させる。	電球を点灯させる，もしくはモーターを起動させる，簡単な実験を実施する。 与えられた実験方法に従う。
発電機が存在する時，エネルギーの移動のために回路を閉じなければならない。そうすると，回路に電流が流れる。	
双極子は1つの輪になるように回路をつくる。 電流の慣習上の向き。 電球，発電機，ダイオード，LEDの規格化された記号。	図をもとに直列の実験を実施する。 きまりを守り，直列の実験を図にする。 電流の慣習上の向きについて，思考する，論証する，実験的手続きを実践する。
いくつかの物質は導体であり，その他の物体は不導体である。 人体は導体である。 開いたスイッチは不導体として，閉じたスイッチは導体として働く。	材質の導体もしくは不導体の性質についての仮説を確かめる。

第4章 科学的教養の具体化とその習得に向けた物理・化学教育の新たな潮流

表4-17 第5級「電気回路」－試験問題

物理・化学　監督付き課題（Devoir Surveillé）　N°1

名前：＿＿＿＿＿＿＿＿＿＿＿＿　　　　　　　　クラス：5°＿＿＿

綴り字への気配り　＿＿＿／2点

問題1：以下の文章に適切な言葉を入れ，文章を完成させなさい。（2点）
　回路に電流が流れるためには，必ず＿＿＿＿を含み，いろいろな器具を＿＿＿＿＿＿＿を作るように接続しなければならない。

問題2：豆電球の構造（6点）
1. 電球の図に関係する言葉を入れ，図を完成させなさい。（3）
2. 電気伝導性のある部分の名称に下線を引きなさい。（1）
3. この電球の2つの極はどれか，文章で答えなさい。（1）
4. 電球を点灯させるにはどこを接続しなければならないか，文章にしなさい。（1）

問題3：3つの実験の学習（6点）
　右に示された3つの実験（a, b, c）のそれぞれで，電球L₁とL₂が点灯するかどうかを知りたい。
実験a）：
1. L₁のどこに配線がなされているかを説明し，L₁が点灯するかを推論しなさい。ただし，「したがって」という言葉を使うこと。
2. L₂が点灯するかについて，「なぜならば」という言葉を使って述べなさい。

実験b）：a）にならって1，2に答えなさい。
実験c）：a）にならって1，2に答えなさい。

問題4：ドゥルファンの実験を助ける（4点）
　ドゥルファンは，電気回路でダイオードを初めて使います。彼女はそれに加えて，電球とスイッチ，電池を使い，これら4つを閉じた輪になるよう導線で接続しました。
　スイッチを閉じた時，電球は点灯しませんでしたが，すべての器具の状態は正常でした。
1. ドゥルファンの間違いを説明しなさい。（1）
2. 彼女の作った回路を図示しなさい。（2.5）
3. 図に電流の向きを示しなさい。（0.5）

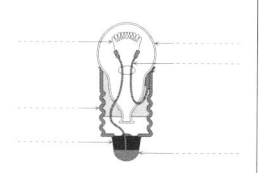

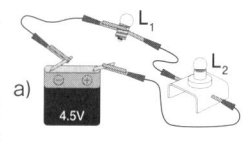

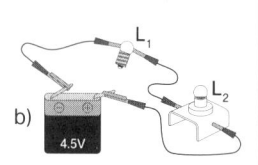

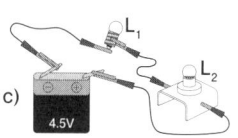

225

提示されたプリントの内容は，教育プログラムに示された知識と能力の抜粋で構成されており，当該学期の授業において学習した事項に関わるものとなっている。このことから，教育プログラムに示された知識と能力を生徒に習得させることを目指して授業が展開されていることがわかる。また，プリントとして提示することで，何を身に付ける必要があるのか，生徒に明らかにされているといえる。

　試験は，通常の50分の授業時間中に，約40分間で実施された。問題は，表4-17のとおりである。

　出題された問題は，授業で取り扱われた教科書の練習問題を基本とするものとなっている。生徒は，白紙に枠を書き込んだ解答用紙を作成し，答えを記述していた。選択肢から選ぶのではなく，言葉や文章を書かせる問題が中心となっており，「したがって」や「なぜならば」といった接続詞を用いて論理的に文章で説明させていた。電気に関わる科学的知識のみならず，綴り字の確認など，言葉の習得についての評価も行われている点は特徴的である。担当教師によると，「物理・化学」の授業が第5級から始まることもあり，学習の初期の段階で言葉の習得について配慮を行っているとのことであった。

　また，第3級では，物質の構造と電気伝導性についての学習が行われており，試験では以下の問題が出題された。

表4-18　第3級「物質の構造と電気伝導性」－試験問題

物理・化学　監督付き課題（Devoir Surveillé）　N°1

名前：＿＿＿＿＿＿＿＿＿＿＿＿＿＿＿　　　　　　クラス：3°＿＿＿

問題1：以下の文章に適切な言葉を入れ，文章を完成させなさい（5点）

□金属において，電流は電源装置の＿＿＿極から＿＿＿極に流れる＿＿＿に起因する。

□原子の電荷は＿＿＿である。原子は＿＿＿を帯びた＿＿＿と，＿＿＿を帯びた1つもしくはたくさんの＿＿＿からなる。

□水溶液では，電流の流れは＿＿＿の移動に起因する。

□原子の大きさは，（　0.1mm　10^{-15}m　10^{3}m　10^{-10}m　10^{-3}nm　）

である。

問題2：硬貨（5点）

ティムは，ポケットにある硬貨が電気を通すだろうかと考えた。
1. 硬貨が電気を通すことを示すために，どのようなものが必要ですか。
2. 実験方法を図示しなさい。
3. 2サンチーム硬貨は，主に銅でできています。この硬貨を使って実験を実施すると，どのような結果になるか，述べなさい。
4. 2サンチーム硬貨の実験結果を，「原子」と「電子」の単語を用いてティムに説明しなさい。

問題3：ミネラルウォーターについて（5点）

次に示す写真は，ミネラルウォーターのラベルです。（写真省略）
1. マグネシウム原子（Mg）から，マグネシウムイオン（Mg^{2+}）になることをどのように説明できますか。
2. カリウム原子は19個の電子があります。カリウムの原子核の電荷はいくらですか（数とどのタイプの電荷か，根拠を示すこと）。
3. カリウムイオン（K^+）に存在する電子の数を推論しなさい。
4. 炭酸イオンHCO_3^-に含まれる原子の名前と数を示しなさい。
5. 硝酸カリウムの水溶液での電離式を書きなさい。

問題4：日常における金（5点）

銅でできたオーディオやビデオのコネクターの伝導性を高めるために，金メッキを施します。金メッキは，金イオン（Au^{3+}）を含む水溶液に，コネクターを入れると得られます。コネクターの一方は，電源装置とターミナルで接続されています。もう一方は，水溶液の中に接続されています。
1. 電源装置を起動したとき，どの端子（電極）の方向に金イオン（Au^{3+}）は移動しますか？
2. コネクターを金メッキするために，電源装置のどの端子につながれなければならないでしょうか？答えを説明しなさい。
3. 実験を図示し，金イオンの移動の方向と電流の慣例上の方向を示しなさい。

授業で学んだ事項を確認するとともに，学習したことを利用して日常の文脈の中での課題を解決する問題が出題されている。また，課題の解決に

向けて実験を計画し結果を説明するといった，探究の手続きに関わる問題もみられる。そして，第3級においても，答えを言葉や図，文章で表現することが求められている。評価問題は，教育プログラムに示された知識と能力の習得状況を評価するとともに，先に示した共通基礎の評価項目に関わる評価に資するものとなっている。

第4節　まとめ

　第4章では，生徒に習得させるべき共通基礎を構成する科学的教養の具体化の過程と，その習得に向けた2000年代の物理・化学教育について検討した。

　1990年代の教育改革の行き詰まりを受け，1990年代末から，コレージュ改革に向けた国民的討議が実施された。討議の結果をもとに1999年に発表された報告書『2000年のコレージュ』では，生活している社会における市民となるために，必要とされる知識とコンピテンスの基礎をすべての子どもに提供すべきであること，そして，世代の共通基礎となるコンピテンスと知識の内実を明確にすべきことが提案された。また，生徒の学習意欲を引き出し，身に付けた知識やコンピテンスを実際に使う機会を設けるために，学際的な活動の環境を整備することが求められた。

　一方，ヨーロッパでは，2000年のリスボン戦略において，持続的な経済成長を可能とする，世界の中で最も競争力のある，ダイナミックな知的基盤型経済となることが目標とされ，その基盤となる人材育成の観点から，生涯学習が重要視されるようになった。2005年の『生涯学習のためのキー・コンピテンスに関する欧州議会と欧州理事会の勧告』では，自己実現と個人の発達，市民としての活動と社会の結束のために，すべての人に必要とされるものとして，8つのキー・コンピテンスが具体的に提示された。このうち義務教育段階では，成人の生活に備えるためのコンピテンスを育成することが必要であるとされている。また，OECDの国際学力調査やDeSeCoプロジェクトにみられるように，急速な社会の構造変化に伴

い，それに対応しながら個人が目標を達成していくために，コンピテンスを育成することが求められるようになってきた．

このような動向を背景としながら，2005年の新しい教育基本法「学校の未来のための基本・計画法」では，将来の成功に向けて，義務教育期間中に児童・生徒が身に付けるべきものとして「共通基礎」を規定し，一人ひとりの児童・生徒にその獲得の手段を保障すべきことが示された．共通基礎は，政令により7つのコンピテンスとして具体化され，それぞれのコンピテンスは，知識，能力，態度の組み合わせとして定義されている．

これに基づき，前期中等物理・化学教育では，共通基礎を構成する科学的教養の育成を目指す教育プログラムが作成された．その目標として，身のまわりの世界についての整合性のある表象の構築，科学的知識や態度を状況に合わせて活用することのできる能力の育成，科学と科学に関わる職業への関心や意欲の喚起が目指されている．科学的知識，能力，態度を個別に習得するだけではなく，それらを統合し必要に応じて適用することのできる，コンピテンスを身に付けることを目指す目標へと変容している．

学習内容は，義務教育段階全体における共通基礎の育成に向けて，小学校との接続を加味するとともに，コレージュ全体を見通して構造化されたものとなっている．物理分野では，質的学習から量的学習へ，化学分野では，巨視的なアプローチから微視的なアプローチへ，学習内容が構成されており，また，第3級では，物理分野と化学分野ともに，エネルギーの視点から概念を構造化することが目指されている．

学習活動では，科学的教養の育成に向けて，日常の文脈に位置付く課題を生徒の実際的な活動を通して解決していく，探究の手続きが重視されている．教科書は，問題提示，実験，事象の観察，結果の解釈，結論の一連のプロセスによって，知を作り上げる構成へと変化した．そして，生徒の共通基礎の習得状況を把握するために，評価規準が具体化されている．

このように，2000年代の前期中等物理・化学教育では，国内的な議論と国際的な動向を踏まえて具体化された共通基礎のうち，知識，能力，態度の総体としての科学的教養の習得に向けて，探究の手続きを中心に据え

た学習活動が展開されており，このことは，物理・化学教育の新しい潮流とみることができる。

第4章　注及び文献
1) コレージュの現状分析を行ったものとして，例えば以下のものがある。
F. Dubet, "20 propositions pour le collège", 1998., Inspection générale de l'administration de l'éducation nationale, "Regards sur le collège - Bilan de l'observation de 45 collèges menée dans le cadre du suivi permanent en 1997-1998", 1998., MEN, "La rénovation du collège 1998", *Les dossiers*, n°110, 1999.
2) 藤井佐知子,「フランス教育政策における多様性原理の再構成 – コレージュ改革論議を素材として – 」, フランス教育課程改革研究会,『フランス教育課程改革』, 平成9～12年度科学研究費補助金基盤研究(B)(1)最終報告書（代表者：小林順子，課題番号：09410075), 2001, pp.47-62.
3) F. Dubet et al, *Le collège de l'an 2000*, La documentation Française, 1999, pp.11-15.
4) 同上, pp.1-198.
5) 同上, pp.161-165.
6) 同上, pp.165-173.
7) "La mutation des collèges : un collège pour tous et pour chacun", *B.O.*, n°23 supplément, 10-06-1999, pp.3-43.
8) 同上, p.28.
9) 同上, p.41.
10) CNP, *Qu'apprend-on au collège ?*, CNDP/XO Editions, 2002, p.29.
11) 同上, pp.31-45.
12) 同上, pp.42-43.
13) 同上, pp.44-45.
14) European Parliament, "Lisbon European Council 23 and 24 march 2000 : Presidency Conclusions", 2000, paragraph 5.
15) 同上, paragraph 26.
16) ドミニク・S・ライチェン他編著,『キー・コンピテンシー 国際標準の学力を目指して』, 明石書店, 2006.
17) Commission of the European Communities, "Proposal for a recommendation of the European parliament and of the council on key competences for lifelong learning", 2005, pp.1-18.
18) 同上, p.12.
19) 同上, p.14.

20) Commission du débat national sur l'avenir de l'Ecole, *Le Français et leur école - Le miroir du débat*, Dunod, 2004, p.17.
21) Commission du débat national sur l'avenir de l'Ecole, *Pour la réussite de tous les élèves*, La documentation Française, 2004, p.49.
22) P.-A. Périssol, "La définition des savoirs enseignés à l'école", *Rapport d'information* N°2247, 2005.
23) "Loi d'orientation et de programme pour l'avenir de l'école", *B.O.*, n°18 encart, 5-5-2005, pp.I-XIV. フィヨン法について解説したものとして，以下のものがある．文部科学省，『フランスの教育基本法－「2005年学校基本計画法」と「教育法典」－』，国立印刷局，2007.
24) 同上，p.Ⅳ.
25) Haut Conseil de l'Education, "Recommandation pour le socle commun", 2006, pp.2-4.
26) 同上，p.7.
27) "Socle commun de connaissances et de compétences", *B.O.*, n°29 encart, 20-7-2006, pp.I-XV. 政令の内容について周知を図るため，以下の本が出版されている． MEN, *École et collège : Tout ce que nos enfants doivent savoir*, CNDP/XO Editions, 2006. 「共通基礎」について，以下に邦語訳がある．山根徹夫，平成18年度調査研究等特別推進経費調査研究報告書，『諸外国における学校教育と児童生徒の資質・能力』，国立教育政策研究所，2007，pp.39-60.
28) 同上，p.Ⅲ.
29) 同上.
30) 同上.
31) 同上，pp.Ⅷ-Ⅸ.
32) 同上，pp.Ⅸ-Ⅹ.
33) 同上，p.Ⅹ.
34) "Programmes de l'enseignement des mathématiques, de sciences de la vie et de la Terre, de physique-chimie du collège", *B.O.*, Hors-série n°6, 19-04-2007.
35) "Programmes des enseignements de mathématiques, de physique-chimie, de sciences de la vie et de la Terre, de technologie pour les classes de sixième, de cinquième, de quatrième et de troisième du collège, *B.O.*, spécial n°6, 28-08-2008.
36) MEN, *Physique-Chimie, classes de cinquième, quatrième, troisième*, CNDP, 2008, p.21.
37) 同上，pp.21-22.
38) 同上，p.22.

39) 同上, p.22.
40) 同上, pp.22-24.
41) 同上, pp.10-12.
42) 同上, pp.29-53.
43) 同上, pp.35-36.
44) J. Jourdan, *Microméga Physique-chimie 3e*, Hatier, 2008., J.-P. Durandeau dir., *Physique Chimie 3e*, Hachette, 2008.
45) J. Jourdan, *Microméga Physique-chimie 3e*, Hatier, 2008, p.56.
46) H. Carré-Montréjaud, *Physique chimie 3e*, Nathan, 2008, p.115.
47) IGEN, "Les livrets de compétences: nouveaux outils pour l'évaluation des acquis", *Rapport* n°2007-048, 2007, p.16.
48) Ruffenach, M. et al., *Enseigner les Sciences physiques – L'enseignement par compétences*, Bordas, 2009, pp.64-78.
49) 上掲書36), p.36.
50) M. Lecoeuche dir., *Méthode en pratique - Chimie au cycle central*, CRDP Nord - Pas de Calais, 2007, pp.163-178.
51) Institut Notre-Dame des Oiseaux, Paris 16eにおける授業観察による。三好美織,「フランスの科学教育カリキュラムと授業－コレージュの物理・化学を中心として－」,『理科の教育』, 679号, 2009, pp.18-20.
52) MEN, *Physique-Chimie, classes de cinquième, et de quatrième*, CNDP, 2007, p.30.
53) J. Jourdan, *Microméga Physique-chimie 5e*, Hatier, 2006, pp.94-117.
54) 同上, pp.103-104.
55) 上掲書27), p.Ⅳ.
56) MEN, "Grille de référence – Les principaux éléments de mathématiques et la culture scientifique et technologie", 2007, pp.21-24.
57) 同上, pp.8-24.
58) MEN, "Grilles de référence palier 3 – Evaluation en fin de scolarité obligatoire", 2009, pp.5-9.
59) MEN, "Attestation de maîtrise des connaissances et compétences de socle commun au palier 3", 2009.
60) 上掲書36), pp.25-26.
61) 上掲書50), pp.174-175.
62) Collège Jules Ferry, Maisons Alfortにおける授業観察による。本項で用いた資料は，同校教員T. Crouzet氏の「物理・化学」の授業で配布されたものである。

終　章　総合的考察

　これまでの論述を踏まえ，現代フランスの前期中等物理・化学教育改革について，総合的考察を行う。

第1節　生徒を中心に据えた物理・化学教育カリキュラムへの転換

　フランスでは，第二次世界大戦後，教育制度，教育内容や教育方法，学校経営や教育行政まで含む全面的な教育改革が，恒常的に展開されてきた。このうち，特に前期中等教育に関わるものとして，1959年のベルトワン改革による義務教育年齢の2年延長，1963年のフーシェ改革による総合制中等教育コレージュの創設を挙げることができる。これらの改革により，国民の教育要求に対応する量的側面からの教育拡充政策が図られ，すべての子どもが同じ学校に通う，統一学校の理想実現に向けた準備が漸進的に行われていった。そして，1975年のアビ改革による統一コレージュの設置により，統一学校の実現が一応完了し，教育機会の平等が形式的に整備されるに至った。

　統一コレージュでは，設立趣旨であるすべての者を受け入れ同じ教育を施す原則に基づき，能力混合学級が基本とされた。このため，画一的な教育がかえって生徒の落ちこぼれを増やす結果となり，学業失敗と呼ばれる混乱を招くこととなった。この状況を打開するため，1980年代には，学業不振生徒に対する指導を多様な形態で実施できるよう，個別化教育が導入されるようになる。しかし，このような方策が成果を挙げていないばかりか，コレージュの危機的状況が語られるようになり，1990年代末にはコレージュの再生に向けての国民的議論が繰り広げられるまでになった。

このような国民的議論を踏まえ，1999年に出された『コレージュの変革－すべての者のための，そして一人ひとりのためのコレージュ』と題する改革プランでは，知識教授の場から人間形成の場への転換，「共通教養」の保障，学力不振生徒に対するきめ細やかな指導の徹底，教師と学校の自立的で多様性のある実践の保障などが示され，統一性のもとで生徒の多様性に対応することのできる，新たなコレージュ像が打ち出された[1]。そして，2000年代には，このプランに沿った施策が導入されてきている。

このように，戦後のフランスの前期中等教育改革の歩みは，教育の民主化を真に実現していくためのプロセスであると捉えることができる。つまり，すべての生徒に対する教育機会の保障による平等の実現のみならず，さらにその平等の考え方に踏み込み，それぞれの生徒に学力を保障することで社会における成功の機会の平等化を図るという，実質的な平等の実現に向けた模索である。そのために，コレージュという統一的な枠組みにおける，一人ひとりの多様性を尊重する教育のあり方について，検討がなされてきた。

一方，EUでは，1990年代後半から，EUの拡大を視野に入れつつ，「知のヨーロッパ」の構築が目指されてきた。1997年には，欧州委員会の通達として「知のヨーロッパへ向けて（Towards a Europe of Knowledge）」が発表され，オープンでダイナミックなヨーロッパ教育圏の構築を目指す方針が示された。その中で，世界の急激な変化に対応するため，社会を構成するすべての市民に，年齢や社会的状況に関係なく，知識にアクセスするためのより多くの機会を提供しなければならないことが述べられた。そして，ヨーロッパ教育圏の構築に向けて，知識，市民性，コンピテンスの3つが重要視されており，それぞれの内容が以下のように説明されている[2]。

①知識：変化の過程に積極的に関わることができるよう，ヨーロッパの市民は知識の基盤を継続的に発展させることができなければならない。それにより，知識を継続的に拡大させたり更新したりすることが可能となる。

②市民性：共通の価値観の共有，共通の社会的・文化的領域への帰属意識の発達を通して，市民性の拡大を図る。その際，積極的な連帯と，ヨーロッパの独自性と豊かさを醸成する文化的多様性の相互理解に根ざす市民性のより広い理解を促進しなければならない。

③コンピテンス：仕事と組織の変化により必要となったコンピテンスの習得によって，就業能力を拡大すること。これは，生涯にわたり，創造性，柔軟性，適応性，「学び方を学ぶ」能力，及び問題解決能力を促進することが必要であることを意味している。これらは，従来必要とされたスキルが今日急速に廃れていくことから，それに伴う損失を回避するために必要とされる条件である。

つまり，「知のヨーロッパ」の構築に向けて，各個人は，社会の変化に対応していくため，知識基盤を発展させたり，必要となるコンピテンスを習得したりすることが必要とされており，それは生涯にわたって行われる必要があること，また，共通の価値観や帰属意識の醸成によるヨーロッパ市民としての自覚が求められているといえる。

さらに，2002年にEU欧州委員会教育文化総局のヨーロッパ教育情報ネットワーク（Eurydice）により出された，『キー・コンピテンス：普通義務教育におけるコンセプト（*Key competencies: A developing concept in general compulsory education*）』では，事実に基づく知識の教授よりもむしろコンピテンスを育成するための教育が必要とされていることを指摘し，コンピテンスは，スキル，知識，態度の側面から特徴付けられるとしている。そして，義務教育の役割は，卒業後の環境で効果的に行動する準備のためのコンピテンスを習得させることにあると述べ，義務教育修了までに習得すべきキー・コンピテンスの検討がなされている[3]。

一方，1997年から開始されたPISA調査の結果を踏まえながら，コンピテンシー領域の調査研究についての長期的展望のもとに作成された，OECDのDeSeCoプロジェクトでは，キー・コンピテンシーについて，以下のようなフレームワークが示されている[4]。

・相互的に道具を用いる……言語，シンボル，テクストを相互作用的に用いる／知識や情報を相互作用的に用いる／技術を相互作用的に用いる
・異質な集団で交流する……他人とよい関係を作る／協力する，チームで働く／争いを処理し，解決する
・自律的に活動する……大きな展望のなかで活動する／人生計画や個人的プロジェクトを設計し実行する／自らの権利，利害，限界やニーズを表明する

　これらのキー・コンピテンシーのフレームワークは，学校で修得すべきコンピテンシーのみならず，人生の各段階で発達させるべきコンピテンシーのそれぞれにあてはまるものとして定義されている。
　このようなこのようなコンピテンシーが必要とされる理由は，以下のように述べられている[5]。

　　グローバル化と近代化は，次第に多様で相互につながりあった世界を生み出している。この世界を理解しよりよく機能させるようにするために，個人は例えば変化するテクノロジーを習得したり，大量の利用可能な情報を理解したりする必要がある。一方で，持続可能な環境を伴う経済成長や社会的公正を伴う繁栄といったバランスが必要とされており，社会としての集団的な挑戦に直面している。このような文脈において，個人がその目標を実現するために必要とされるコンピテンシーは，より複雑化され，狭い範囲で定義されたある種のスキルを修得する以上のものを要求するようになっている。

　つまり，急速な社会の構造の変化に伴って，それに対応しながら個人が目標を達成していくためには，従来からのある種のスキルを習得する以上のものが求められるようになっており，これが，上述したようなフレームワークを持つコンピテンシーが各人に必要とされる理由であるといえる。

終　章　総合的考察

　このように，フランスの教育界を取り巻く世界の動向を概観すると，EU及びOECDともに，個人それぞれに，生涯にわたって社会の変化に対応しながら自己実現していくための能力が必要とされており，義務教育では，そのための基礎となるキー・コンピテンスの育成が求められているといえる。

　このことは，例えば，2006年の政令「共通基礎知識技能」の中で，欧州議会と欧州連合理事会の勧告やPISA調査の枠組みが参照されていることに言及されているよう[6]に，今日のフランスの教育の方向性に影響を及ぼしている。つまり，フランスでは，一国の枠組みを越えたグローバルな視点を取り込みながら，教育が構想されるようになっているのである。

　このような背景を踏まえながら，統一コレージュ成立以降の物理・化学教育の展開を分析すると，以下の特徴を読み取ることができる。

　統一コレージュ成立に伴い，物理・化学が教科としてコレージュのカリキュラムに導入された当初から，物理・化学の教育は，スペシャリストを育成するものではなく，実験に関わる手続きの理解，知識，態度，スキルの獲得を含む，バランスのとれた教養を提供するために企図されてきた。そして，生徒による活動をもとに，科学的方法やスキルを獲得し，科学的知識を習得するとともに，科学的態度を育成することが目指されてきた[7]。しかし，1989年のベルジェ委員会などの報告によると，コレージュの科学教育の実情として，基本的知識や基礎学力の身に付いていない生徒に対して有効な手立てがとられていないこと，学習活動において実験が十分に行われていないこと，学習内容の調和や整合性が欠如していることなどが指摘されている[8]。このことから明らかなように，統一コレージュ成立以降，1980年代までの物理・化学教育の実際は，実験活動を重視し，子どもの多様性に対応した教育が展開されていたとは言い難く，学習内容についても課題を抱えていたといえる。

　課題の解決に向けた動きは，1989年のジョスパン法成立以降の教育プログラムに見られる。1992年に告示された新しい物理・化学の教育プログラムでは，実施学年が第4級と第3級の2学年のみとなったものの，従

来のコレージュ卒業後の進路選択を行うための適性を見極める教育のみならず，科学を利用する市民を育成するための教育として，すべての生徒に対する科学教育の必要性について新たな方向性が打ち出された。そして，日常生活や社会との関わりを持たせた学習内容とし，生徒の興味・関心を喚起しながら，実験的な活動を通して，科学的教養を育成していくことが示された[9]。このような方向性は，『未来の教育のための提言』や『教育内容検討のための諸原則』をはじめとして，1980年代からの学校の役割や学校における知のあり方の検討結果を反映したものとなっている。また，教育プログラムの作成に関わる組織として，全国教育課程審議会が設置され，コレージュの学習においてすべての生徒に保障すべきものは何か，学習内容の階層化と教科内での整合性，教科間の関係と学習の統一性といった点について，さらなる検討が行われた。これにより，例えば教育プログラムの記述において，他教科との関連性をも視野に入れた学習活動を展開することが求められるなど，学習者である生徒を中心に据えた内容を持つ教育プログラムが実現することとなった。

　そして，2000年代においては，未だ解消されていない生徒間や学校間の格差を是正すべく，「すべての者のためのコレージュ」の実現を目指して，生活している社会を構成する市民となるために必要な知識とコンピテンスの基礎をすべての子どもに提供しなければならないこと，教えられる内容と現実世界との乖離をなくし，身に付けた知識やコンピテンスを実際に使ってみる機会を整備していくことなどが求められている。生徒が習得すべき知識やコンピテンスは，ヨーロッパをはじめとする国際的な動向をも取り込みながら，「共通基礎」として具体化され，物理・化学の教育プログラムは，主として科学的テクノロジー的教養の育成を担うものとなっている。さらに，詳細な評価の枠組みが提示されており，生徒一人ひとりの共通基礎習得に向けた基盤整備がなされている。

　このように，統一コレージュ成立以降の物理・化学カリキュラムは，フランス国内の教育改革の動向とヨーロッパを初めとする国際的な動向を背景としながら，すべての生徒に対する学力保障による成功の機会の平等を

実現するため，一人ひとりの科学的教養の育成に向け，教科内及び教科間において整合性のある学習内容を持つ，生徒を中心に据えた物理・化学教育カリキュラムへと転換されている，とみることができる。

第2節　義務教育段階で求められる科学的教養に対する考え方

今日の科学教育に関わる世界各国の動向を鑑みると，そのカギとなるのは，「科学的リテラシー」の育成であると考えられる[10]。その背景となっているのは，国際数学・理科教育動向調査（TIMSS）やOECD生徒の学習到達度調査（PISA）をはじめとする，国際的な動向である。これらの調査の結果は，各国の教育改革やカリキュラムの作成に影響を及ぼしている[11]。

例えば，PISA2006年調査では，伝統的な学校理科での知識を単に再生するよりむしろ様々な生活場面の状況に合わせて科学的知識を適用することに重点をおくために，「科学的リテラシー」という用語を用い[12]，中心分野として評価がなされた。その定義は以下のようなものである[13]。

- 疑問を認識し，新しい知識を獲得し，科学的な事象を説明し，科学が関連する諸問題について証拠に基づいた結論を導き出すための科学的知識とその活用。
- 科学の特徴的な諸側面を人間の知識と探究の一形態として理解すること。
- 科学とテクノロジーが我々の物質的，知的，文化的環境をいかに形作っているかを認識すること。
- 思慮深い一市民として，科学的な考えを持ち，科学が関連する諸問題に，自ら進んで関わること。

そして，評価を行うために，科学的リテラシーは以下の4つの相互に関係した観点によって特徴付けられている[14]。

- 状況・文脈：科学とテクノロジーが関係する生活場面。
- 知識：科学の知識（物理的システム，生命的システム，地球と宇宙のシステム，テクノロジーのシステム），科学自体に関する知識（科学的探究，科学的説明）
- 能力：科学的な疑問を認識すること，現象を科学的に説明すること，科学的証拠を用いること。
- 態度：科学への興味・関心，科学的探究の支持，資源や環境への責任。

つまり，科学的リテラシーを構成する要素として，科学における問題解決のプロセス，知識の習得及びその活用，科学についての知識，科学に対する態度が挙げられている。

また，イギリスのナフィールド財団からは，ヨーロッパ各国の研究者により2006年に行われたセミナーをもとにした，『ヨーロッパにおける科学教育：批判的検討（*Science Education in Europe: Critical Reflections*）』と題するレポートが示されている。セミナーでは，今日の科学教育が多くの生徒を満足させる状況にないことを憂慮し，どのようにすれば科学教育を今日の世界に対応したものにすることができるのか，科学や技術の分野に進む生徒だけでなくすべての生徒のニーズに対応した科学教育をどのように構築していけばよいのかが議論された。これに対して，以下の7つの勧告が示された[15]。

① EUにおける科学教育の主たる目的は，科学が提供する物質界についての主たる解釈と，科学がはたらく方法を教えることである。将来の科学者や技術者への基礎をねらいとする科学教育は，選択となるべきである。

② モチベーションの低い生徒に対する，科学の革新的なカリキュラムと教授方法についてのさらなる試行が求められる。これらの革新は評価される必要がある。特に，女子生徒に興味を持たせるよう，文

脈における科学の理解を伸ばすことに焦点を当てた，物理のカリキュラムが，EUにおいて開発され実施されるべきである。
③EU各国は，文化的人間的活動にとって科学がどのように重要であるかや，科学の学習による職業の可能性の幅の拡大について生徒に知らせるために，人間的身体的資源の活用に投資する必要がある。
④EU各国が，初等及び前期中等教育段階における質の高い教師を供給すること，14歳までの科学教育では児童・生徒を科学や科学的な現象に関わらせ，探究活動やハンズ・オンによる実験を通して学ぶことを保証すべきであること。
⑤科学が教えられる方法の開発は，生徒の学習を改善するために必要不可欠である。EU全体での教師教育の転換は長期にわたるプロジェクトであり，継続的職能開発における持続的な投資が求められる。
⑥EUの政府は，科学教育における評価の研究と開発を行うべきである。科学的リテラシーのある市民に期待されるスキル，知識，コンピテンスを評価する方法を開発すべきである。
⑦学校の科学教育のシステムの基礎となるのは，知識やスキルを更新していくような，高い質の教師である。職能の補強，保持，継続的な開発を保証するシステムが，ヨーロッパにおいて優先的な方針となるべきである。

　ここで注目すべき点は，進路に関わらずすべての生徒を対象とした科学教育が構想されようとしていることである。その実現に向けて，カリキュラムと学習方法の検討が求められており，科学の知識と科学についての知識を提供すること，科学を学ぶ意義を伝えること，文脈の中の科学を取り入れること，学習過程において児童・生徒の活動を取り入れること，が必要とされている。
　つまり，今日のすべての生徒を対象として行われる科学教育において育成が目指される科学的リテラシーの内実として，科学の知識，科学についての知識，問題解決のプロセス，科学に対する態度，それらを文脈に応じ

て活用できる能力が求められているといえる。

このような世界的動向の中にあって，近年のフランスの義務教育段階の科学教育では，共通基礎の構成要素である科学的テクノロジー的教養の育成が目指されている。そもそも「教養（culture）」という言葉について，例えばルブール（Olivier Reboul）は，次のような特徴を持った独自の知的特性をはらんでいるとしている[16]。

①駆使力：教養もまた，己が持てる資力をすべて活用して，新しい状況への対応や，新しく起こってくる問題の解決を行うのである。つまり，教養とは，学ぶことを学ぶことである。
②一体化：ある知識を駆使できるのは，その知識を自分のものにしているからである。
③全体性：知識はその人間のうちに存し，その人間そのものである統一的な原理に従って，組織立てられていなければならない。
④転移性：教養とは，知識を活用できるわざに存する。

そして，「教養がある」とは，「知識を自分のものとし，自分なりの原理に従って組織立てられたものであり，それを新しい状況や問題への対処のために用いることができることにある」と指摘している。このことを考え合わせると，テクノロジーに関わる内容が含まれている点に特異性が見られるものの，科学的テクノロジー的教養は，上述した科学的リテラシーに対応するものとして捉えることができる。

統一コレージュ成立以降の物理・化学教育に関わる教育プログラムの分析から，物理・化学教育では常に生徒に科学的教養を育成しようとしてきたことが窺えるが，その内容は時代を追って変化を遂げてきている。各教育プログラムの目標を科学的教養の視点によってまとめると，表終-1のようになる。

終　章　総合的考察

表終-1　教育プログラムの目標にみられる科学的教養の内容[17]

教育プログラム	科学的教養の内容
1977年 「実験科学」 理化分野	・科学的方法の獲得 ・情報の評価と科学的な態度の発展 ・科学や技術に対するスキルの獲得 ・自然現象を理解するための概念
1985年 「理化」	・自然や人間により作られたものの特性や現象についての知識と理解 ・教養の構築と科学技術研究の追究 ・科学的態度の育成 ・安全のきまりに関わる態度，方法，スキル，知識
1992年 「物理・化学」 1995年 「物理・化学」	・厳密さ，科学的な方法，批判的検討，誠実さのセンス ・物理・化学に関わる基本的な技術についての理解 ・科学に関係する職業への興味・関心 ・政治的，経済的，社会的，倫理的選択への準備のための，科学と技術の使用方法の理解 ・科学の教養としての側面，歴史的な側面の理解 ・科学の社会における役割，応用的側面についての理解 ・科学や技術の利用者としての市民−消費者の育成
2008年 「物理・化学」	・世界についての総合的で整合性のある，合理的な表象の構築 ・人格形成や分別のある態度，教科固有の知識，様々な状況において活用することのできる能力 ・科学と科学に関わる職業への知的好奇心，意欲の喚起

　表終-1に示した科学的教養の内容として注目すべき点は，1990年代の教育プログラムにおいて示された，社会における選択の準備のための科学と技術の使用方法の理解や，科学の社会における役割の理解，科学や技術の利用者としての市民−消費者の育成といった視点である。このような視点は，コレージュへの物理・化学教育導入時に役割を果たした，ラガリーグ委員会の構成メンバーであったミッシェル・ユラン（Michel Hulin）による，1980年代の科学教育の批判的検討の中から構築されたものである。彼は，科学教育における「社会的認識論（épistémologie sociale）」の

必要性を主張している[18]。市民の育成における科学教育の重要性は，歴史的には19世紀サン・シモン学派の経済学者であるシュヴァリエ（Michel Chevalier）により既に指摘されている。しかし，今日の社会の伸展に伴い，このことがより強く認識されるようになってきた[19]。

さらに2000年代の教育プログラムでは，政令「共通基礎知識技能」の制定に伴い，知識，態度，能力の習得だけではなく，その総体としてのコンピテンス，つまり様々な状況において知識，態度，能力を用いることのできる能力の育成が目指されるようになっている。

以上のように，前期中等物理・化学教育において育成が目指される科学的教養の内実は，高度な物理・化学教育への参入を視野に入れた，科学の知識の習得，科学的方法の理解，科学に対する態度の各々を中心とするものから，科学の利用者としての市民の育成に向けた，科学に関わる知識，能力，態度を総合したものへと，その内実が変容してきているといえる。

第3節　前期中等物理・化学教育における科学的教養の育成

1975年の統一コレージュ成立以降，前期中等段階の物理・化学教育では，科学的教養の育成に向けた学習活動が展開されてきた。先述したルブールは，「教養」と結び付く教材について，「学ぶことに対する必要性を現実生活の中で感じながら，学習者のパーソナリティに統合されていくようなもの」であるとしている[20]。では実際に，科学的教養の育成に向けて，このような特徴を持つ教材により学習活動が展開されてきたのであろうか。

1970年代後半のアビ改革では，生活に生きてはたらく学力を育成するための教育内容の実生活化や，活動主義的教育方法の重視といった教育・方法の改善の方向が打ち出された[21]。これに基づき，「実験科学」理化分野では，生徒による活動をもとに，科学的方法やスキルを獲得し，科学的知識を習得するとともに，授業で得た知識を実生活に活かすことのできる科学的態度を育成することが目指されてきた[22]。例えば，1977年に出版されたHachette社教科書では，新しく導入された教科として，教授学に

基づく様々なアプローチが展開されており，実験を中心に据えた学習内容が示されている[23]。また，1985年の「理化」では，進展する科学・技術に対応して，学習内容に先端の科学・技術に関わる内容が取り入れられるとともに，実験科学として，生徒による実験の活動を含む授業で教えられることが期待されてきた[24]。

しかし，例えば，1989年のベルジェ委員会報告における，実験を行う環境が整えられていないこと，教員養成段階において実験に関する教育が不十分であることなどの指摘や[25]，1991年の「初等・中等学校における科学・技術教育振興に関する通達」における，生徒の興味，関心を喚起するような教育的な活動の必要性についての指摘にみられるように[26]，学習活動を展開するにあたり，生徒による実際の活動が十分に取り込まれていない実態があったことが窺える。今日のコレージュにおける物理・化学の授業においても，場面によって，実験に関わる内容を取り扱ってはいるものの，生徒実験や教師による演示実験ではなく，実験方法を図示しながら説明し，その実験により得られるであろうデータの処理を行う，といった授業が見受けられた[27]。つまり，生徒の実際的な活動によらない，実験についての学習活動が存在していたものと推察される。

このような学習活動が存在する理由の背景には，フランスの伝統的な教育観があるものと考えられる。例えば，キング（Edmund J. King）は，1960年代までのフランス教育全般について明らかにしながら，伝統的なフランスの教育観について以下の点を指摘している[28]。

- 教育の目的は知的訓練であり，学校は知的事柄を教えるところである。
- 一般教養を習得するには，実質陶冶ではなく形式的陶冶を重視し，理念，書物，知識などの熟知が求められる。
- 実用的，職業的訓練よりも知性の訓練が重要視される。
- 実際的な問題に取り組みながら理解を図るよりも，「原理・原則」へ近づくことを重視している。

・学校は,「知的訓練の場」であり,「精神」のため,つまり人間理性の涵養のためにある。

　つまり,生徒の実際的な活動を取り入れた学習よりも,書物,知識などに対する熟知が求められているように,知的訓練を優先する立場が窺える。

　しかし,生徒を中心に据えたカリキュラムへと転換が図られた後の,1990年代の教科書では,それまでの学習内容の説明を中心とする記述から,学習者の興味や関心を喚起し,日常生活と結び付ける内容を持つ記述へと変化がみられる。また,教科の枠組みを越えて学習内容を総合的な視点で捉え,学習者の学びに整合性を持たせることができるよう,学習内容に関わる関連領域の資料を含めた提示がなされるようになった[29]。

　さらに2000年代においては,物理・化学の学習のプロセスとして,探究の手続きが教育プログラムに明示されたことで,基本となる知識の習得とともに,様々な状況で知識を活用するために必要とされる能力の育成が目指されるようになっている。例えば,教科書では,学習したことを異なる文脈で用いる場面を設定することで,学習内容に関する理解を深めるとともに,科学的テクノロジー的教養のコンピテンスの育成が期待されている[30]。

　このように,現代の前期中等物理・化学教育では,一人ひとりに科学的教養を育成するために,導入当初から実験を中心とする学習活動が重視されてきたが,今日ではさらに,現実社会や生活と学習内容との関わりを示しながら学ぶ意義を明らかにするとともに,探究の手続きによる生徒の実際的な活動をより重視した学習活動が展開されるようになってきているといえる。

終章　注及び文献
1) "La mutation des collèges: un collège pour tous et pour chacun", *B.O.*, n°23 supplément, 10-6-1999.
2) Commission of the European Communities, *Towards a Europe of Knowledge*, 1997.

3) Eurydice, *Key competencies: A developing concept in general compulsory education*, Eurydice, 2002. 国立教育政策研究所,『EUの普通義務教育におけるキー・コンピテンシー（抄訳）』, 国立教育政策研究所, 2005.
4) OECD, The Definition and Selection of Key Competencies: Executive Summary, 2005. ドミニク・S・ライチェン他編著, 立田慶裕完訳,『キー・コンピテンシー－国際標準の学力をめざして』, 明石書店, 2006, pp.199-224.
5) 同上.
6) "Socle commun de connaissances et de compétences", *B.O.*, n°29 encart, 20-7-2006, pp.I-XV.
7) 例えば, "Circulaire n°77-164 du 29 avril 1977 - Enseignement des Sciences expérimentales dans les collèges, *B.O.*, n°22 ter, 9-6-1977, p.1693.
8) P. Bergé, *Rapport de la mission de réflexion sur l'enseignement de la physique*, 1989, pp.28-29.
9) 例えば, "Programmes de physique-chimie applicables dans les classes de quatrième et quatrième technologique", *B.O.*, n°31, 30-7-1992, pp.2087-2089.
10) わが国において科学的リテラシーを分析したものとして, 例えば以下のものがある。国立教育政策研究所,「特集：科学的リテラシー」,『国立教育政策研究所紀要』, 第137集, 2008, pp.1-281., 日本科学教育学会,「特集：科学的リテラシー」,『科学教育研究』, Vol.32 No.4, 2008.
11) 原田信之編著,『確かな学力と豊かな学力－各国教育改革の実態と学力モデル』, ミネルヴァ書房, 2007., 橋本健夫他編著,『現代理科教育改革の特色とその具現化－世界の科学教育改革を視野に入れて』, 東洋館出版, 2010.
12)「科学的リテラシー」という用語が選択された理由として, 以下の点が挙げられている。すべての生徒に適用すべき科学教育の目標を示すものとして考えられたこと, 科学教育の目的に幅広さと応用的な性質を含められること, 科学的知識が連続したものとして示されること, 科学的探究に関連した認知能力を示していること, 多元的な内容であること, 科学とテクノロジーとの間の関係を含んでいること。国立教育政策研究所,『PISA2006年調査 評価の枠組み OECD生徒の学習到達度調査』, ぎょうせい, 2007, p.18.
13) 同上, pp.19-21.
14) 同上, pp.21-38.
15) J. Osborne et al., *Science Education in Europe: Critical Reflections*, The Nuffield Foundation, 2008.
16) オリヴィエ・ルブール, 石堂常世訳,『教育は何のために－教育哲学入門』, 勁草書房, 1981, pp.36-38.

17) "Circulaire n°77-164 du 29 avril 1977 - Enseignement des Sciences expérimentales dans les collèges, *B.O.*, n°22 ter, 9-6-1977, p.1693., MEN, *Collèges – Programmes et instructions*, CNDP, 1985, p.257., MEN, *Programmes et accompagnement – Physique chimie*, CNDP, 2001, pp.15-17., MEN, *Physique-Chimie, classes de cinquième, quatrième, troisième*, CNDP, 2008, p.21.
18) M. Hulin, *Le Mirage et la Nécessité*, Presses de l'ENS, 1992, pp.22-24.
19) N. Hulin, *L'enseignement secondaire scientifique en France d'un siècle à l'autre 1802-1980*, INRP, 2007, pp.138-140., N. Hulin, "Enseignement des sciences", D. Lecourt dir., *Dictionnaire d'histoire et philosophie des sciences 4e édition*, PUF, 2006, p.412.
20) 上掲書15), pp.30-40.
21) 桑原敏明,「フランス いきいきとした学校をめざして－アビ教育改革」,『季刊教育法』, 第54号, 1984, p.35.
22) "Circulaire n°77-164 du 29 avril 1977 - Enseignement des Sciences expérimentales dans les collèges, *B.O.*, n°22 ter, 9-6-1977, pp.1692-1694.
23) 例えば, M. Barboux et al, *Collection libres parcours, Sciences physiques 6e collèges, Livre du professeur*, Classique Hachette, 1977.
24) MEN, *Collèges – Programmes et instructions*, CNDP, 1985, pp.257-258.
25) 上掲書7), pp.28-29.
26) "Action éducatives et innovantes à caractère scientifique et technique. Partenariat ministère de l'Éducation nationale/ministère de la Recherche et de la Technologie", *B.O.*, n°44, 12-12-1991, p.3160.
27) 2008年2月に行った, パリ市内の学校における非参与観察による.
28) 吉田正晴,「第3章フランス－中央からの理性の啓蒙－」, エドモンド・J・キング著, 池田進・沖原豊監訳,『世界の学校教育－その比較研究－』, 葵書房, 1971, pp.63-119. E. J. King, *Other schools and ours – a comparative study for today, Third Edition*, Holt, Rinehart and Winston Inc., 1967, pp.44-98.
29) 例えば, R. Vento dir, *Physique chimie 5e*, Bordas, 2002.
30) 例えば, H. Carré-Montréjaud, *Physique chimie 3e*, Nathan, 2008.

あとがき

　本書は，平成23（2011）年に広島大学大学院教育学研究科に提出した学位論文を補訂し，独立行政法人日本学術振興会平成25（2013）年度科学研究費補助金（研究成果公開促進費）の交付を受けて刊行するものである。

　本研究は，フランスの前期中等物理・化学教育について，1975年の統一コレージュ（collège unique）成立以降，2005年のフィヨン法に基づく教育改革までを対象とし，すべての子どもを将来の成功に導くための教育（pour la réussite de tous les élèves）がどのように実現されていったのかを明らかにしたものである。近年，科学教育の世界的な動向として，科学的リテラシーが改革のキーワードとなり，その育成が重視されてきている。そこで本研究では，フランスにおいて科学的リテラシーと同義語である科学的教養（culture scientifique）に着目し，次の3つの視点をもとに，現代フランスの前期中等物理・化学教育について論考した。①生徒を中心に据えたカリキュラムへの転換が，どのように図られているのか。②生徒が身につけるべき科学的教養の内実は，時代とともにどのように変容しているのか。③科学的教養の育成に向けて，どのような学習方法がとられているのか。総合的考察として，現代フランスの前期中等物理・化学教育改革について，以下の点を明らかにした。
（ⅰ）すべての生徒に対する学力保障による成功の機会の均等化に向けて，科学的教養の育成を目指し，教科内及び教科間において整合性のある学習内容を持つ，生徒を中心に据えたカリキュラムへと転換している。
（ⅱ）科学的教養の内実は，2000年代以降世界的な科学教育改革にも呼応し，科学の利用者としての市民の育成に向けた，科学の知識や科学についての知識，科学に関わる能力及び態度を総合したものへと変容している。
（ⅲ）学習活動において，1970年代後半から実験を中心とする活動を重視

してきたが，今日ではさらに，現実社会や生活と学習内容との関わりを提示し，学ぶ意義を示すとともに，探究の手続きによる生徒の実際的な活動を重視するようになっている。

　本研究の特色は，次の点にある。まず，現代フランスの前期中等物理・化学教育を特色により時代区分するとともに，その変容を明らかにした。科学的教養の視座に基づき論考することで，現代フランスの前期中等物理・化学教育改革の特徴を明確にしている。次に，現代フランスの前期中等物理・化学教育について，教育行政レベルや教育課程レベルのみならず，教室での実践レベルまで分析を行った。わが国において諸外国を対象とした科学教育研究では，教育行政レベルや教育課程レベルの分析が中心であったが，本論文では実践レベルまで分析を行うことで，より精確な実態把握に基づく論考を展開している。最後に，わが国の科学教育研究において，フランスを対象とする研究が極めて少ないなかで，現代フランスの科学教育の動向を科学的教養の視座から明らかにした。本成果は，科学的リテラシー育成に向けたわが国における理科教育の改善に資する新たな視点を提供するものである。

　本研究を学位論文としてまとめることができたのは，ひとえに磯﨑哲夫先生（広島大学大学院教授）の励ましと懇切丁寧なご指導のおかげである。心より深謝申し上げる。また，角屋重樹先生（当時は国立教育政策研究所教育課程研究センター基礎研究部部長，現在，日本体育大学教授），池野範男先生（広島大学大学院教授），林武広先生（広島大学大学院教授）には，審査に加わっていただき，貴重なご助言をいただいた。感謝申し上げる。

　戸北凱惟先生（上越教育大学理事），角島誠先生（広島なぎさ中学校・高等学校校長）には，フランスの科学教育研究の端緒を開くとともに，貴重な資料を提供していただいた。田﨑徳友先生（福岡教育大学名誉教授，九州女子大学教授）には，フランス教育学の視点からのご助言と貴重な資料の提供をいただくとともに，フランスの教育を対象とする研究者のあるべき姿をお示しいただいた。また，フランスにおいて，中谷圭太郎先生（ENS

あとがき

Cachan教授），J.-L. Martinand先生（ENS Cachan名誉教授）には，物理・化学教育及び教員養成の実態を直に知る機会をいただいた。J.-C. Jacquemin先生（UdPPC元会長，パリ第6大学）には，物理・化学教育に関する情報と貴重なコレージュの教科書を多数ご提供いただいた。パリ16区のInstitut Notre-Dame des OiseauxではN. Pichet先生に，パリ郊外Maisons AlfortのCollège Jules FerryではT. Crouzet先生に，授業観察を受け入れていただき，物理・化学の授業に関する貴重な情報を提供していただいた。さらに，広島大学附属福山中・高等学校，福岡教育大学在職時には，同僚の先生方から常にあたたかい励ましとご協力をいただき，大変お世話になった。ここに感謝の意を表する。

なお，本研究には，平成17年度日本学術振興会科学研究費補助金（奨励研究）「科学的リテラシーを育む中学校理科カリキュラムの研究」，平成18－20年度文部科学省科学研究費補助金（若手研究（B））「知的創生社会を支える人材育成のための科学教育カリキュラムの研究」，平成21－23年度文部科学省科学研究費補助金（若手研究（B））「科学的素養育成のための科学教育カリキュラムの研究」の成果も反映されている。

本書を出版するにあたり，格別のご配慮とご尽力をいただいた溪水社社長木村逸司氏，編集の労をとっていただいた木村斉子氏に厚くお礼を申し上げたい。

本書の刊行は，これまでにお力添えいただいたすべての皆様のあたたかいご指導とご助言の賜物である。心より深くお礼を申し上げる。研究の諸についたばかり，まだまだ未熟にて，さらに研鑽を積んでいきたい。今後とも皆様のご指導のほどを切に願うばかりである。

2014年1月

三好　美織

索　引

【あ】
アビ改革（réforme Haby）
4, 5, 8, 9, 12, 13, 26, 41, 42, 47, 73, 74, 115, 233, 244
EU（European Union）
15, 182, 188, 234, 235, 237, 240, 241
横断的なコンピテンス（compétences transversales）
144, 145, 221
横断的テーマ（thèmes transversaux）
14, 91-93, 100, 107

【か】
科学的教養（culture scientifique）
6, 7, 10-12, 15, 16, 80, 93, 127, 141, 143, 171, 177, 186, 229, 230, 239, 242-244, 246
科学的テクノロジー的教養（culture scientifique et technologique）
6, 15, 187-195, 201, 204, 214-221, 238, 242, 246
科学的手続き（démarche scientifique）
122, 134-136, 146, 147, 170, 171, 180, 190, 193, 214, 216-218, 223
科学的リテラシー（scientific literacy）
6, 239-242
学業失敗（échec scolaire）
13, 73, 75, 93, 106, 113, 115, 233
科学的技術的教養（culture scientifique et technique）
82, 122, 123, 180, 181

学校改革のための新しい契約（Nouveau contrat pour l'école）
15, 137, 140
観察理科（sciences d'observation）
22, 23, 27-29
キー・コンピテンス（key competences）
182-184, 189, 228, 235, 237
規準一覧（Grille de référence）
214, 219
教育活動計画（projets d'action éducative：PAE）
92, 93
教育基本法
1975年（Loi relative à l'éducation）
41, 42, 67
1989年（Loi d'orientation sur l'éducation）
5, 14, 111, 115, 116, 118-120, 139, 170, 171, 237
2005年（Loi d'orientation et de programme pour l'avenir de l'école）
5, 15, 177, 184-187, 192, 205, 229
教育高等審議会（Haut Conseil de l'éducation，HCE）
187
教育内容検討委員会（Commission de réflexion sur les contenus de l'enseignement）
14, 111

253

教育プログラム憲章（Charte des programmes）
118, 120, 129, 138, 170
教科専門グループ（Groupe techniques disciplinaires, GTD）
119, 129, 136
共通基礎（socle commun）
5, 6, 15, 177-180, 185-189, 192-194, 197, 199, 201, 202, 205, 207, 209, 214, 215, 217-221, 228, 229, 237, 238, 242, 244
共通基礎知識技能習得証明書（attestation de maîtrise des connaissances et compétences de socle commun）
220
教養（culture）
13, 41, 42, 45, 67, 77-80, 85-87, 106, 114, 127, 142, 151, 180, 237, 242-246
探究の手続き（démarche d'investigation）
15, 193-197, 201-204, 206, 228-230, 246
国民教育総視学局（inspection générale de l'éducation nationale, IGEN）
5, 119, 152
個人票簿（livret personnel）
214
コレージュ・ド・フランス（Collège de France）
13, 77, 106, 111, 126
コンピテンス（compétences）
5, 15, 120, 121, 129, 130, 136, 137, 141, 143-145, 153, 167, 178, 179, 182-187, 189, 192, 194, 199, 204-206, 209, 214, 220, 221, 228, 229, 234-238, 241, 244, 246

【さ】

試験（contrôle）
58, 136, 224-227
実験科学（sciences expérimentales）
6, 12-14, 21, 40, 43-45, 47-49, 51, 52, 57, 61, 66-68, 83, 86, 87, 106, 243, 244
収束テーマ（thèmes de convergence）
192, 195, 199-201
ジョスパン法（loi Jospin）
5, 14, 111, 115, 116, 118-120, 139, 170, 171, 237
諸物学習（leçons de choses）
23, 28
生物（biologie）
27, 29
生物・地質的科学技術（sciences et technique biologiques et géologiques）
83, 85, 86, 106
前期中等教育修了免状（diplôme national du brevet, DNB）
185
全国教育課程審議会（Conseil national des programmes, CNP）
5, 14, 112, 119, 120, 123, 125, 126, 129, 138, 140, 179, 180, 238

索　引

【た】
中等教育コレージュ（collège d'enseignement secondaire, CES）
　4, 25, 26, 233
DeSeCoプロジェクト
　182, 228, 235
テクノロジー（technologie）
　1970年
　　6, 12, 13, 27, 30-35, 40, 48
　1985年
　　81, 84, 85, 96, 97, 107, 125
　1995年
　　141, 143, 144
　2008年
　　217, 219, 221
統一コレージュ（collège unique）
　4, 6-13, 21, 41-43, 66-68, 73-75, 106, 107, 233, 237, 238, 242, 244

【は】
博物（sciences naturelles）
　5, 6, 22-24, 43, 67
評価
　14, 15, 46, 58-61, 104, 105, 114, 133-137, 150, 151, 167-170, 194, 199, 201, 203, 205, 214-224, 226, 228, 229, 238, 239, 241
フィヨン法（loi Fillon）
　5, 15, 177, 184-187, 192, 205, 229
フーシェ改革
　4, 25, 233
普通教育コレージュ（collège d'enseignement général, CEG）
　26, 42

物理・化学・テクノロジー教育研究委員会（Commission d'études pour l'enseignement de la physique, de la chimie et de la technologie）
　34, 67
物理・化学（physique-chimie）
　1992年
　　14, 126, 129-131
　1995年
　　15, 137, 140-146, 150, 152, 157-161, 170, 243
　2008年
　　192-195, 197-199, 201, 209, 210, 214, 217, 219, 221, 224, 226, 243
ブルデュー・グロ委員会（Commission Bourdieu-Gros）
　111-113, 126
ベルジェ委員会
　14, 113, 126, 237, 245
ベルトワン改革（réforme Berthoin）
　8, 25, 233

【ま】
マテイ委員会
　14, 115

【ら】
ラガリーグ委員会（Commission Lagarrigue）
　9, 13, 32-36, 40, 46, 67, 126, 243
ランジュヴァン・ワロン改革案（plan Langevin-Wallon）
　3, 4, 8, 25, 186

255

理科実験学習（travaux scientifiques expérimentales）
27-29
理化（sciences physiques）
13, 14, 23, 83, 85-89, 93, 94, 100, 106, 124-126, 170, 243, 245
リスボン戦略（stragétie de Lisbonne）
182, 228

リボー委員会（Commission Ribot）
9, 21
ルグラン委員会
13, 73, 74, 106
ルグラン改革
84

人　名

アビ（René Haby）
4, 8, 36, 41
ギシャール（Olivier Guichard）
34
キング（Edmund J. King）
245
グロ（François Gros）
111
サヴァリ（Alain Savary）
73, 84, 92, 115
シュヴェーヌマン（Jean-Pierre Chevènement）
81, 84, 96, 100, 115
ジョスパン（Lionel Jospin）
111, 115, 125
ド・ロビアン（Gille de Robien）
187
フィヨン（François Fillon）
185
フーシェ（Christian Fouchet）
4, 25, 233

ブルデュー（Pierre Bourdieu）
77, 111
ベルジェ（Pierre Bergé）
113
ベルトワン（Jean Berthoin）
4, 25
マテイ（François Mathey）
115
ミッシェル・ユラン（Michel Hulin）
9, 35, 243
ラガリーグ（André Lagarrigue）
33, 34
ランジュヴァン（Paul Langevin）
80
リボー（Alexandre Ribot）
9, 21
ルグラン（Louis Legrand）
73
ルブール（Olivier Reboul）
242, 244

【著者】

三好　美織（みよし　みおり）

　1978年広島県生まれ
　2002年広島大学大学院教育学研究科博士課程後期中途退学
　2003年広島大学附属福山中・高等学校教諭
　2005年福岡教育大学教育学部講師
　2009年同准教授を経て
　現職、広島大学大学院教育学研究科講師、博士（教育学）

現代フランスの前期中等物理・化学教育改革に関する研究

平成26年2月20日　発　行

著　者　三好　美織
発行所　株式会社　溪水社
　　　　広島市中区小町1-4（〒730-0041）
　　　　電話 082-246-7909／FAX 082-246-7876
　　　　e-mail : info@keisui.co.jp
　　　　URL : www.keisui.co.jp

ISBN978-4-86327-254-5　C3037